STRICKEN

MIT STRUKTUR

STEFFI HABERKERN • IMKE VON NATHUSIUS
ANIKA SÜSS • CHRISTINE VETTER

STRICKEN MIT STRUKTUR

PULLIS, SCHALS UND CO. MIT MUSTERN
IN GR. XS–2XL

Strick ist aus unserer Garderobe nicht mehr wegzudenken. Ob ein kuschelig warmer Pullover, die moderne Neuinterpretation des Pullunders oder das Tuch für kühle Sommerabende: Wir alle lieben Strick in seinen vielfältigen Formen und Farben.

In diesem kreativen Strickbuch trifft das Stricken von moderner Oberbekleidung und Accessoires auf eine Farbwelt, die von unserer Natur inspiriert ist. Cremige Beigetöne, sattes Grün, warmes Rot und kräftiges Rot und Gelb: Die Farben harmonieren miteinander und lassen bereits beim Durchblättern Herbstgefühle aufkommen.

Jedes der 16 Modelle bringt Ruhe in den Alltag und regt an, einen Gang zurückzuschalten und beim Stricken zu sich selbst zu finden. Ob ein Projekt für eine kurze Auszeit zwischendurch oder das Projekt für kühle Winterabende: In diesem Buch findet sich etwas Passendes.

Die Anleitungen sind mit viel Liebe von Steffi Haberkern, Imke von Nathusius, Anika Süß und Christine Vetter entwickelt worden und warten nur darauf an einem kuscheligen Abend nachgestrickt zu werden.

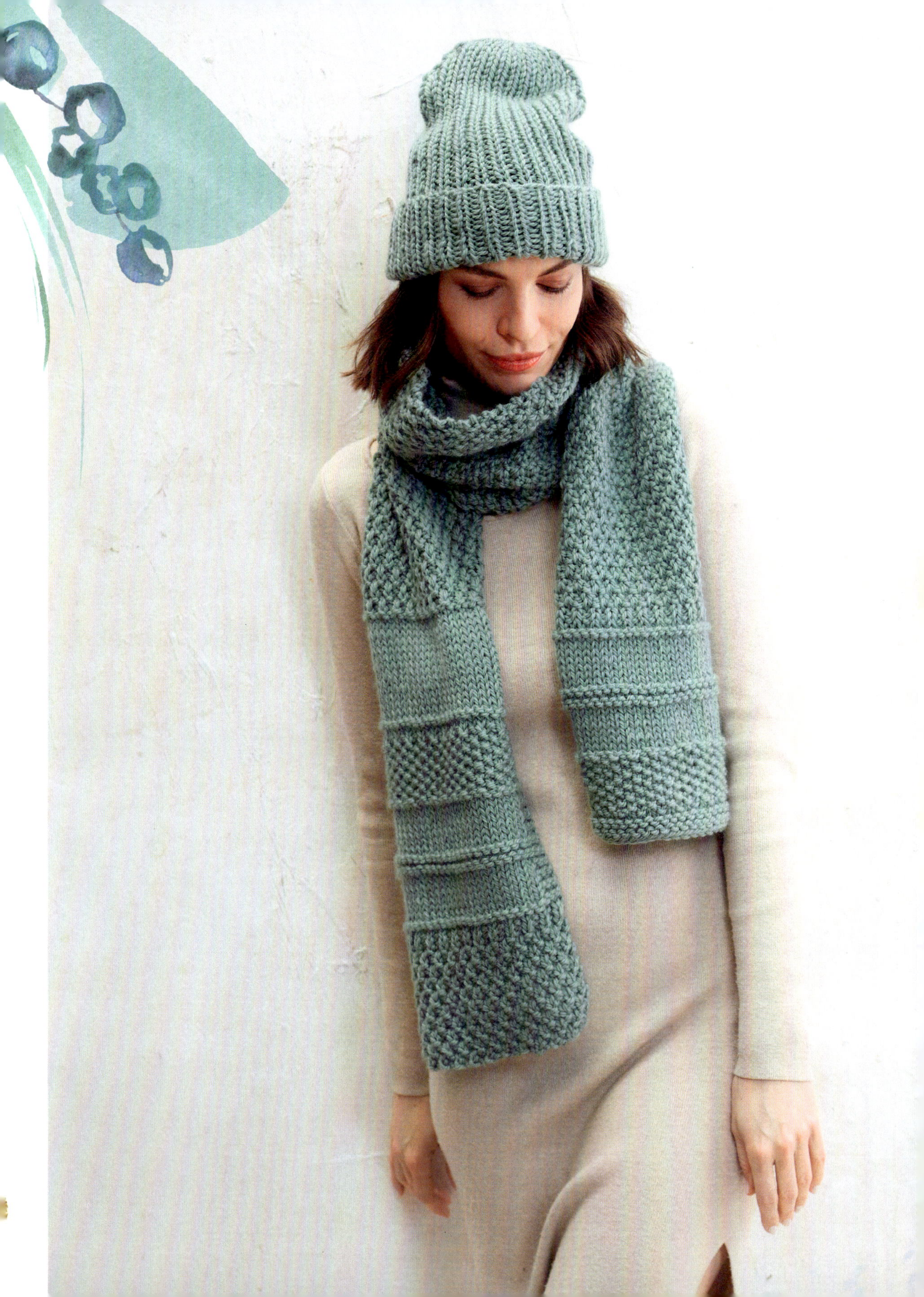

DIE AUTORINNEN

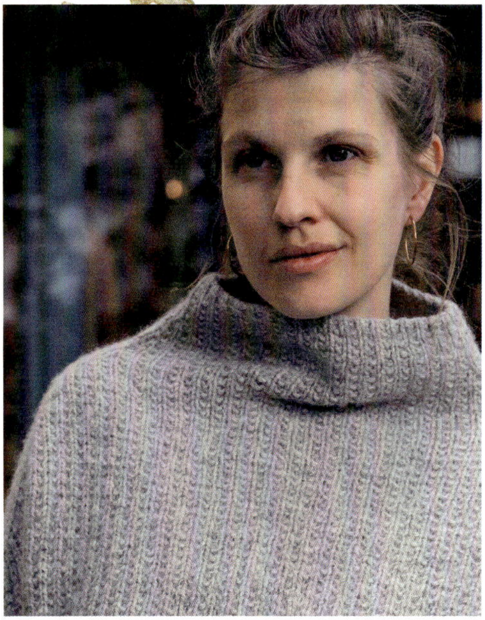

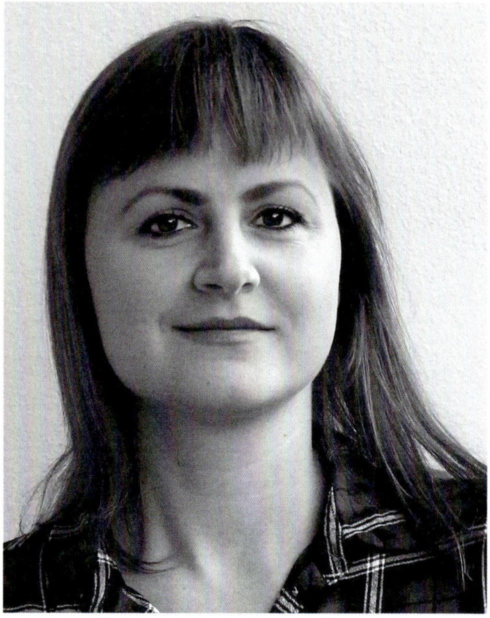

STEFFI HABERKERN ist ein nachhaltiger und bewusster Lebensstil wichtig. Sie findet, dass mit selbst hergestelltem Handstrick der schnelllebigen Modewelt etwas entgegengesetzt werden kann und das ganz nebenbei auch noch verdammt viel Spaß macht. Fasziniert von den Techniken, die ein Kleidungsstück nach und nach in den eigenen Händen wachsen lassen, strickt sie am liebsten mit Naturfasern. Seit 2021 veröffentlicht sie unter dem Label @st.effiestudio eigene Strickanleitungen. Ihr Ziel ist es moderne, zeitlose aber gleichzeitig einmalige Stücke zu entwerfen, die sich für den Alltag eignen. Sie lebt mit ihrer Familie in Zürich.

IMKE VON NATHUSIUS steht für zeitlos schönes Strickdesign für Klein und Groß. Klassische Basicteile werden durch liebevolle Details und interessante Stricktechniken zu besonderen Favoriten in deinem Kleiderschrank. Einblicke zum Entstehungsprozess gibt es auf Instagram (@imke_von_nathusius).
Die diplomierte Bekleidungstechnikerin arbeitet seit 2015 als selbstständige Designerin für Handstrickanleitungen und Autorin mit namhaften Garnherstellern und Verlagen zusammen und lebt mit ihrer Familie in ihrer Wahlheimat Düsseldorf.

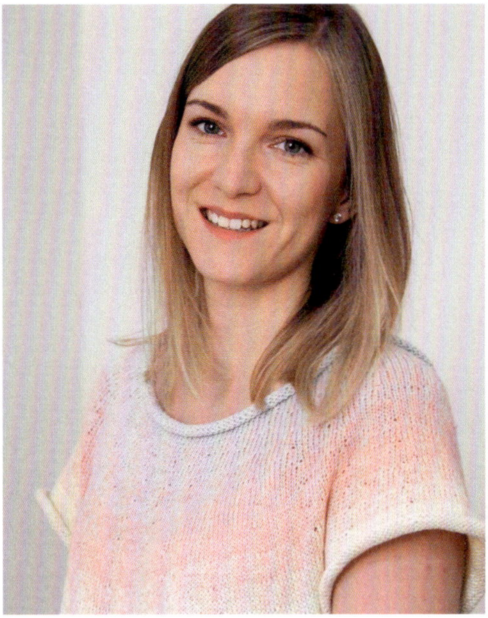

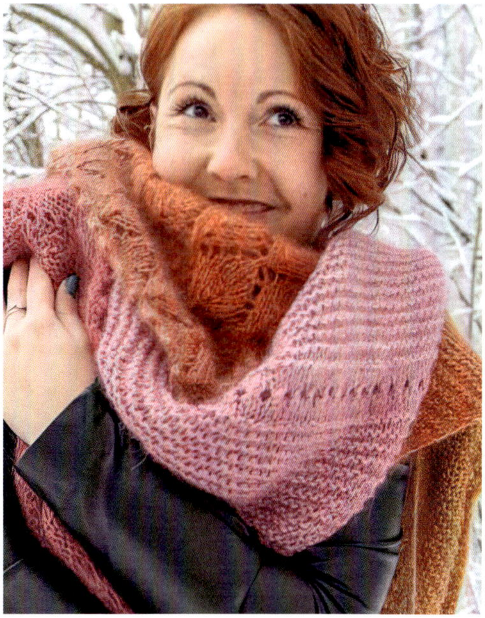

ANIKA SÜSS ist leidenschaftliche Strickerin. 2015 hat sie sich das Stricken selbst beigebracht und stellt ihre Strickprojekte seitdem auf dem Instagram-Kanal @annidestages vor. So möchte sie vor allem mit dem Klischee aufräumen, dass das Handarbeiten altmodisch und uncool und Wolle immer kratzig sei. Mittlerweile designt sie nebenberuflich auch eigene Accessoires für Erwachsene und Kinder. Die studierte Wirtschaftswissenschaftlerin lebt gemeinsam mit ihrem Mann im sächsischen Chemnitz.

CHRISTINE VETTER ist besser unter dem Namen Crisalino bekannt. Stricken ist ihre Leidenschaft und es vergeht so gut wie kein Tag, an dem sie nicht zu Wolle und Nadeln greift. Am liebsten strickt sie Sweater und Cardigans; wann sie ihren letzten Pulli im Laden gekauft hat, weiß sie schon gar nicht mehr. Stricken ist für sie wie Yoga: absolute Entspannung und Meditation. Auf Instagram findet man sie unter @_crisalino_.

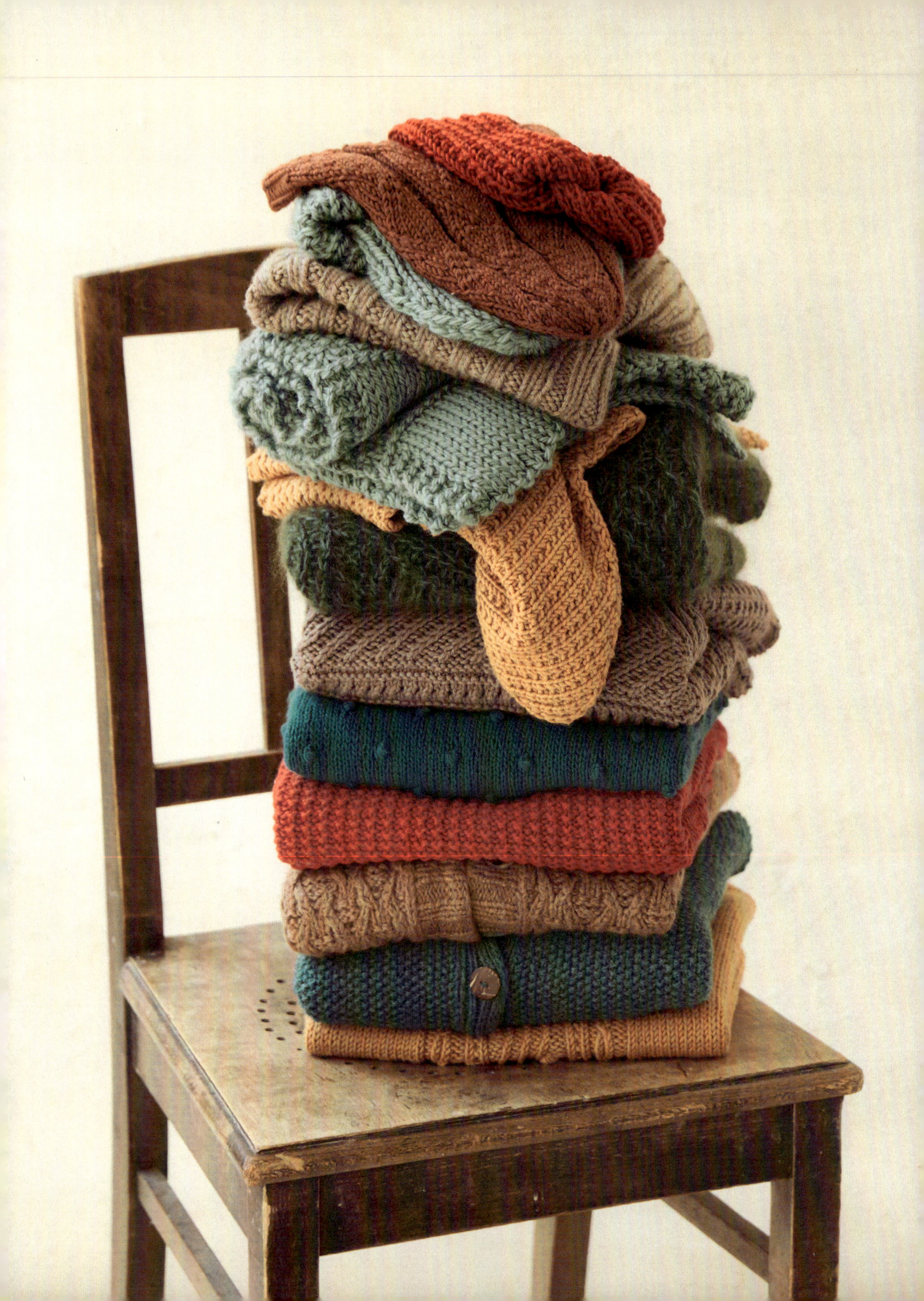

OBER-BEKLEIDUNG

JACKEN & CARDIGANS

SCHALS & TÜCHER

ACCESSOIRES

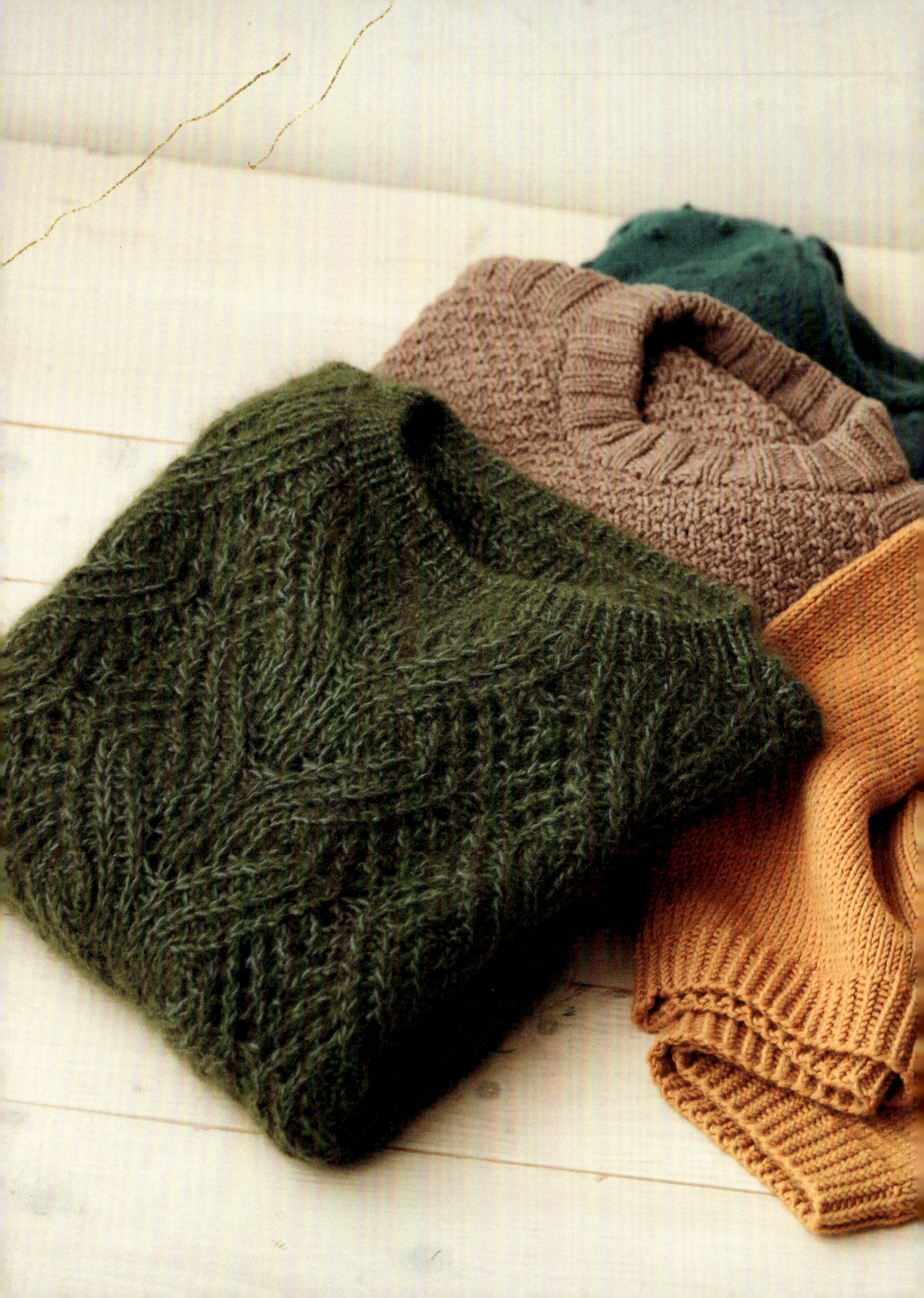

OBER BEKLEIDUNG

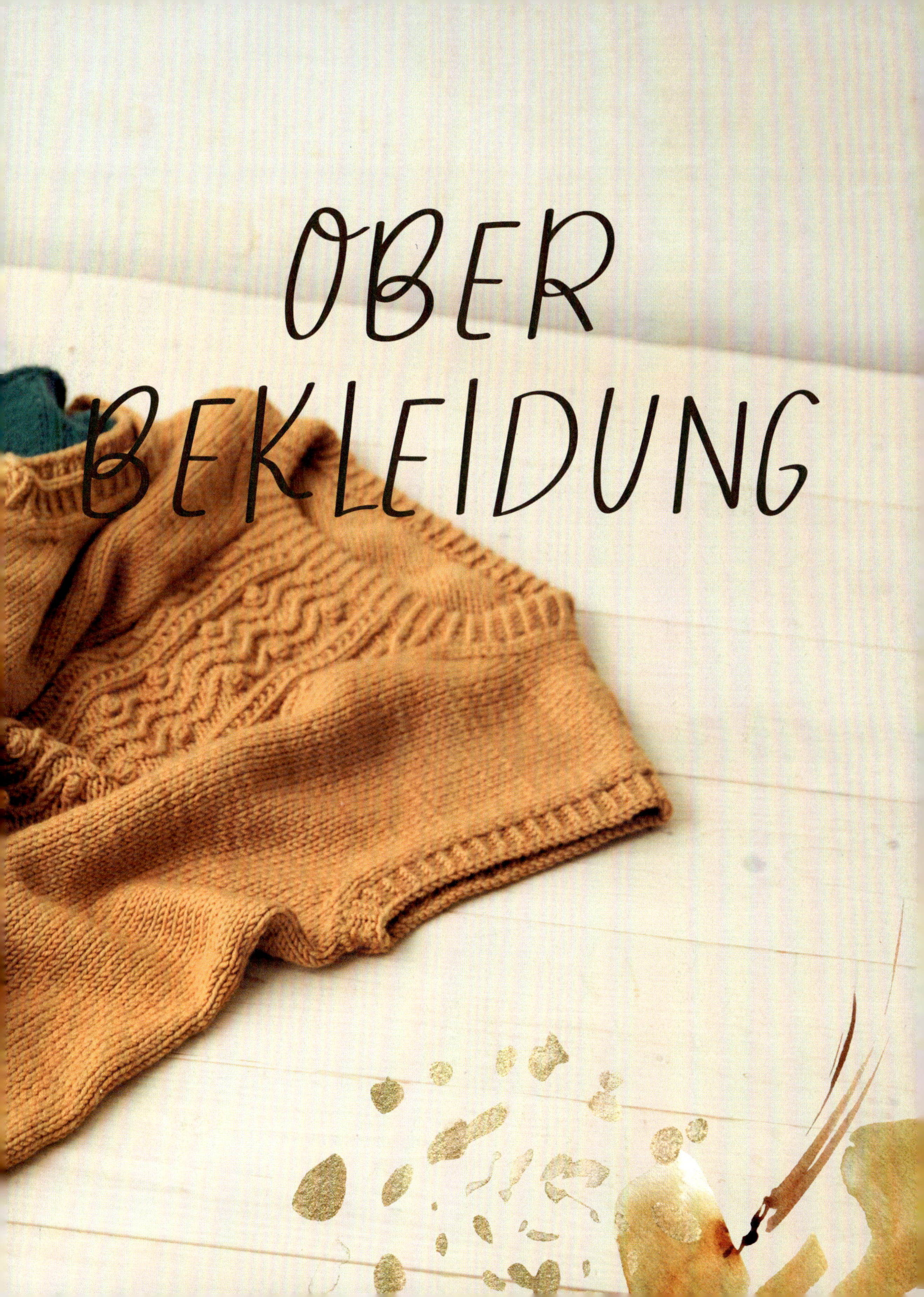

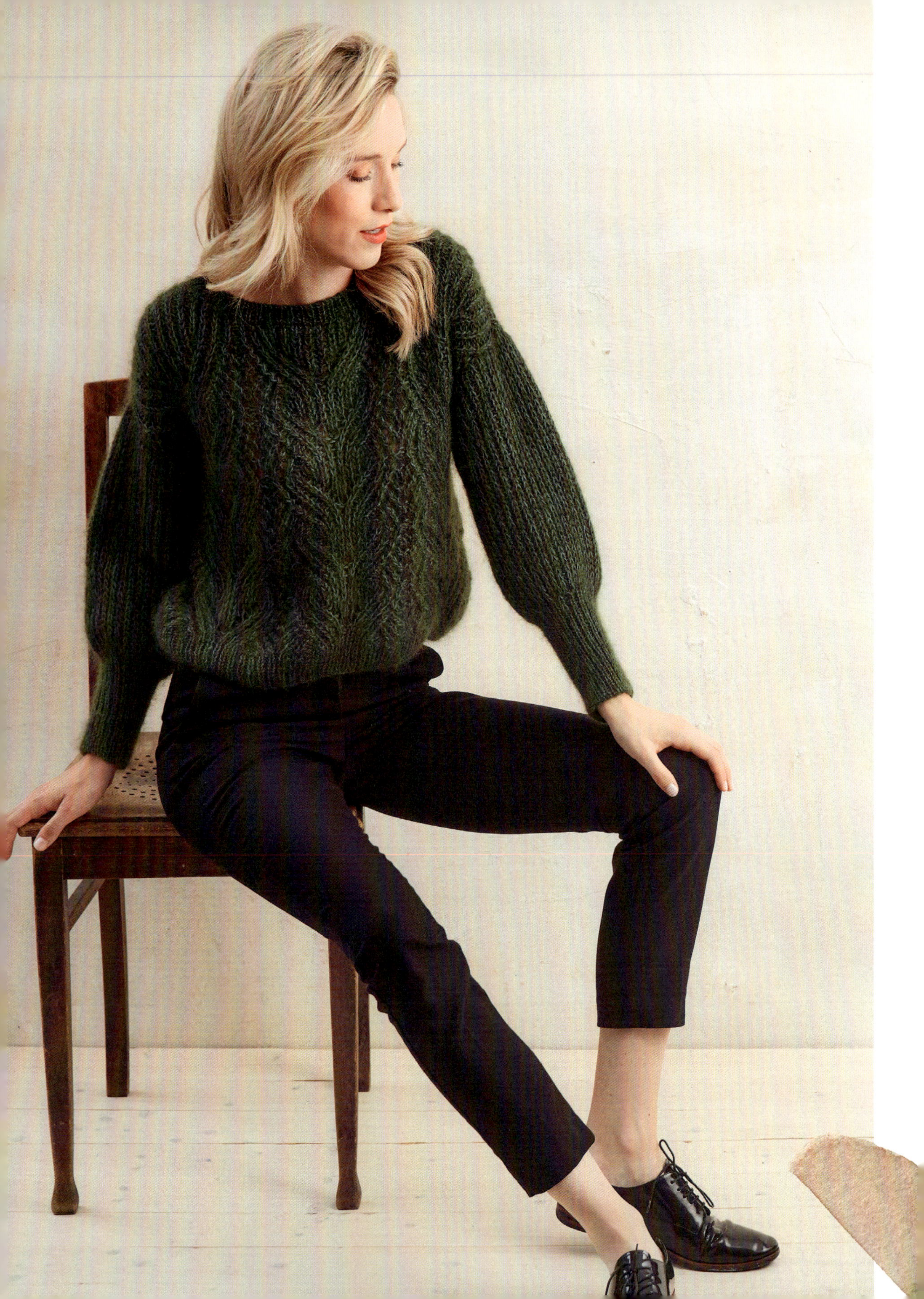

EFEU

PULLOVER IM HALBPATENT

SCHWIERIGKEITSGRAD 3

GRÖSSEN

XS-M/L-2XL

Brustumfang: ca. 90-100/110-120 cm (inkl. ca. 10 cm Mehrweite)

Gesamtlänge: 58/64 cm

Hinweis: Die Angaben für die beiden Größen sind durch einen Schrägstrich getrennt. Steht nur eine Angabe, gilt diese für beide Größen.

Tipp: Wer einen Brustumfang von ca. 100 cm hat und den Pullover gerne figurbetont tragen möchte, strickt Größe XS-M. Wer es lieber oversized mag, wählt Größe L-2XL.

MATERIAL

Lang Yarns Cashmere Lace (LL ca. 165 m/25 g) in Efeu (Fb 93), 200/350 g

Lang Yarns Mohair Luxe (LL ca. 175 m/25 g) in Oliv dunkel (Fb 199), 350/450 g

Rundstricknadeln 3,5 mm, 4,5 mm und 5,0 mm, mind. 60 cm lang

Rundelstricknadel 5,0 mm, 40 cm lang (für die Ärmel) | 8-12 Maschenmarkierer | Wollnadel

MASCHENPROBE

Im Halbpatent mit Nd 4,5 mm mit dreifachem Faden (= 1 Faden Cashmere Lace und 2 Fäden Mohair Luxe) 24 M und 29 R = 10 cm x 10 cm

RIPPENMUSTER

In Rd 1 M rechts, 1 M links im Wechsel str.

ZOPF-HALBPATENT IN RUNDEN

In Rd nach der Strickschrift str. Den Rapport von 28 M fortlaufend wdh. Die 1.-16. Rd fortlaufend wdh.

ZOPF-HALBPATENT IN REIHEN

In R nach der Strickschrift str. Die M sind so gezeichnet, wie sie auf der Vorderseite erscheinen. In den Hinr (= ungeraden R) nach der Strickschrift str, in den Rückr (= geraden R) die M str, wie sie erscheinen. Den Rapport von 28 M fortlaufend wdh. Die 1.-16. R fortlaufend wdh.

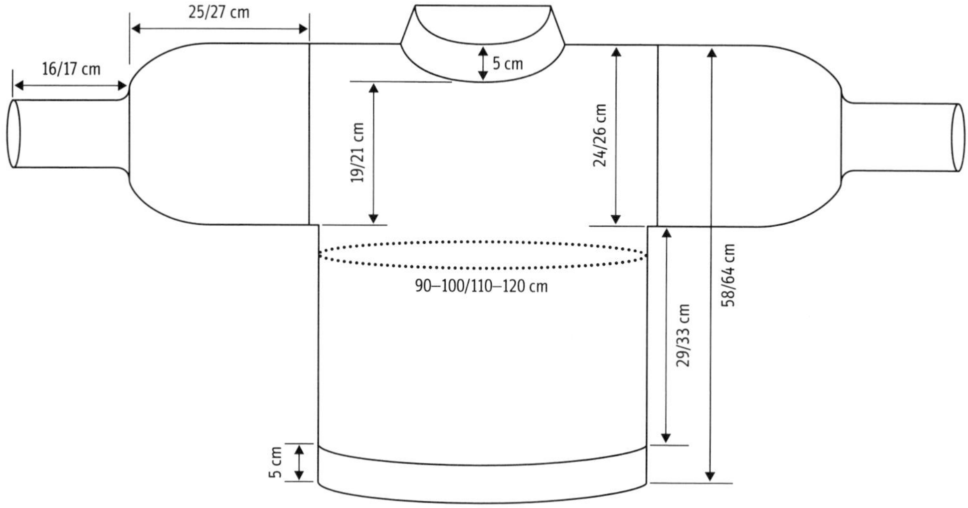

HALBPATENT IN RUNDEN

1. Rd: 1 M rechts, 1 M links im Wechsel str.

2. Rd: * 1 M tiefer gestochen (= in die rechte M 1 R tiefer einstechen und die M rechts str), 1 M links, ab * fortlaufend wdh.

HALBPATENT IN REIHEN

Hinr: * 1 M tiefer gestochen (= in die rechte M 1 R tiefer einstechen und die M rechts str), 1 M links, ab * fortlaufend wdh.

Rückr: Die M str, wie sie erscheinen.

RANDMASCHEN

In jeder R die erste M wie zum Rechtsstr abheben und die letzte M links str.

2 MASCHEN AUS 1 MASCHE HERAUSSTRICKEN

1 M wie gewohnt rechts str, aber die ursprüngliche M auf der linken Nd belassen und für die 2. M noch 1 M rechts verschränkt (aus dem hinteren M-Schenkel) herausstr.

ZOPF-HALBPATENT IN RUNDEN UND IN REIHEN

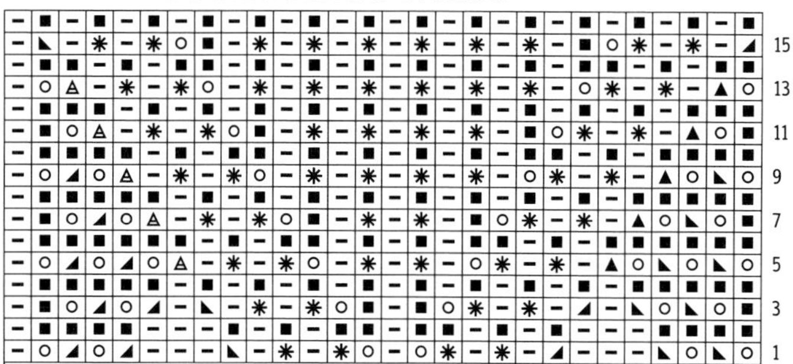

Rapport = 28 Maschen

– = In Runden und in Hinreihen 1 Masche links, in Rückreihen 1 Masche rechts

■ = In Runden und in Hinreihen 1 Masche rechts, in Rückreihen 1 Masche links

○ = 1 Umschlag

◣ = 2 Maschen rechts überzogen zusammenstricken: 1 Masche wie zum Rechtsstricken abheben, die nächste Masche rechts stricken und die abgehobene Masche überziehen

◢ = 2 Maschen rechts zusammenstricken

△ = 3 Maschen rechts überzogen zusammenstricken: 1 Masche wie zum Rechtsstricken abheben, 2 Maschen rechts zusammenstricken und die abgehobene Masche überziehen

▲ = 3 Maschen rechts zusammenstricken

✱ = 1 tiefer gestochene Masche (= in die rechte Masche 1 Reihe tiefer einstechen und die Masche rechts stricken)

HINWEIS: Der Pullover wird durchgehend dreifädig mit 1 Faden Cashmere Lace und 2 Fäden Mohair Luxe gearbeitet.

ANLEITUNG

Der Pullover wird von unten nach oben in einem Stück gestrickt. Später wird die Arbeit geteilt und Vorder- und Rückenteil werden separat beendet. Die Ärmel werden angestrickt. Für das Zopf-Halbpatent müssen keine Verkreuzungen gearbeitet werden, das zopfartige Muster entsteht durch Zunahmen mit U und Abnahmen.

START

Mit Nd 4,5 mm 168/280 M anschl und zur Rd schließen, schließen, dabei den Rd-Beginn mit einem MM kennzeichnen. Für das Bündchen 5 cm im Rippenmuster str.

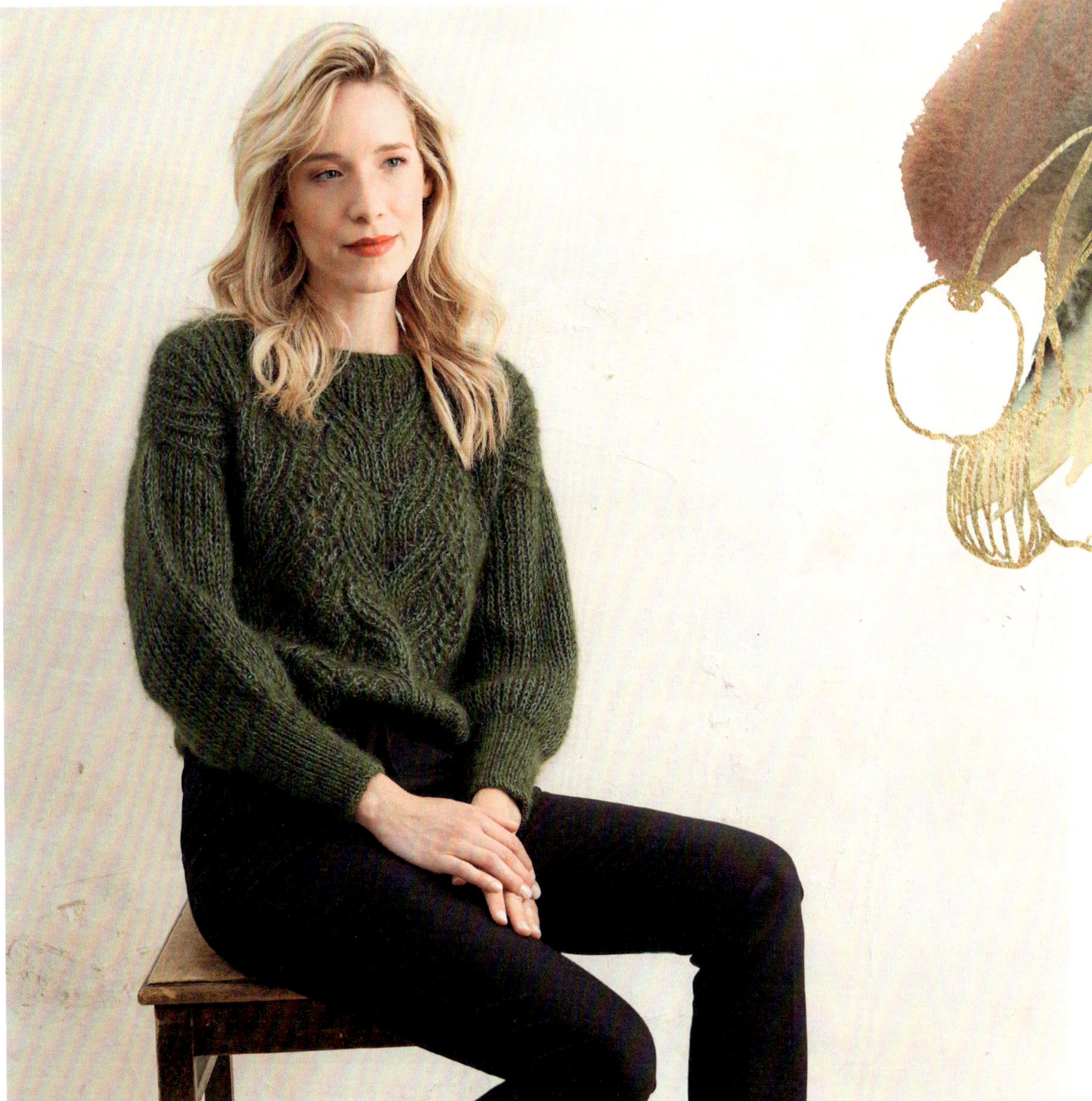

Zu Nd 5,0 mm wechseln und im Zopf-Halbpatent in Rd nach der Strickschrift arb, dabei nach jedem Rapport (= 28 M) einen weiteren MM setzen. Es ergeben sich 6/10 Rapporte. So bis zu einer Höhe von 29/33 cm ab Bündchen str.

TEILUNG

Nun wird die Arbeit für die Armausschnitte in Vorder- und Rückenteil geteilt und über beide Teile separat im Zopf-Halbpatent in R weitergearbeitet: Es ergeben sich 3/5 Rapporte im Vorderteil und 3/5 Rapporte im Rückenteil.
Achtung, bei der Teilung bitte beachten: Die letzte Muster-Rd nach Strickschrift muss eine gerade Muster-Rd sein, da nun mit einer Hinr begonnen werden muss.

VORDERTEIL

Am R-Anfang und -Ende wird je 1 Rdm wie folgt zugenommen:
Hinr: Aus der 1. M 2 M herausstr, die restlichen M im Zopf-Halbpatent nach der entsprechenden Hinr der Strickschrift, aus der letzten M 2 M herausstr.
Rückr: Rdm, 3/5 Rapporte im Zopf-Halbpatent (M str, wie sie erscheinen), Rdm.
Für das Vorderteil im Zopf-Halbpatent in R insgesamt 19/21 cn str.
In der nächsten R werden 4/6 Mittel-M von beiden Seiten mit weiteren MM gekennzeichnet. Die M der linken Schulter str, für den Halsausschnitt 3/6 M abk und die M der rechten Schulter str, die Arbeit wenden. Nun die rechte Schulter separat beenden, dabei nur noch einfach im Halbpatent weiterarb, dabei für die Ausschnittrundung an der inneren Kante in jeder Hinr 1x 7, 1x 5, 2x 2 und 1x 6 M abk (= 60/115 Schulter-M). Noch weitere 2/3 cm Halbpatent str, mit einer Rückr enden. Die M stilllegen.
Die linke Schulter gegengleich zur rechten arb. Die Zahl der abzukettenden M bleibt gleich, da Abketten erfolgt jedoch in jeder Rückr. Mit einer Hinr enden. Die M stilllegen.
Das Vorderteil hat nun eine Höhe von ca. 24/26 cm ab Teilung.

RÜCKENTEIL

Das Rückenteil im Zopf-Halbpatent nach Strickschrift str, bis zu einer Höhe von 24/26 cm ab Teilung. Die Schultern arb wie beim Vorderteil (= 60/115 Schulter-M). Die M stilllegen.
Nun die rückwärtigen und vorderen Schulter-M auf 2 Nd aufnehmen, mit der Drei-Nd-Technik abk: Beide Nd-Spitzen zeigen nach rechts. Mit einer dritten Nd wie zum Rechtsstr jeweils in die 1. M auf beiden Nd einstechen. Beide M zusammenstr und von den Nd gleiten lassen. * Die nächsten 2 M der beiden Nd ebenso zusammenstr und von den Nd gleiten lassen. Nun die 1. M auf der rechten Nd über die 2. M ziehen und diese so abk. Ab * fortlaufend wdh, bis alle M abgekettet sind.

HALSAUSSCHNITTBLENDE

Mit Nd 4,5 mm entlang des Halsausschnitts 90 M auffassen, zur Rd schließen und 5 cm im Rippenmuster str. Dabei die letzten 2 Rd als Vorbereitungs-Rd für das italienische Abnähen str. Dann die M abnähen.

ÄRMEL (2x)

Mit Nd 5,0 mm aus den Armausschnitten entlang der Rdm 68/78 M auffassen und im Halbpatent in Rd bis zu einer Höhe von 25/27 cm str. In der nächsten Rd zu Nd 3,5 mm wechseln und gleichmäßig verteilt 22/26 M abnehmen (= 46/52 M). Nun für das Bündchen 16/17 cm im Rippenmuster str. Dabei die letzten 2 Rd als Vorbereitungs-Rd für das italienische Abnähen str. Dann die M abnähen.

FERTIGSTELLEN

Alle Fäden vernähen. Den Sweater in lauwarmem Wasser waschen. Da das Halbpatent sehr elastisch ist, lassen sich die Ärmel in nassem Zustand falls nötig noch etwas in die Länge ziehen. Liegend trocknen lassen.

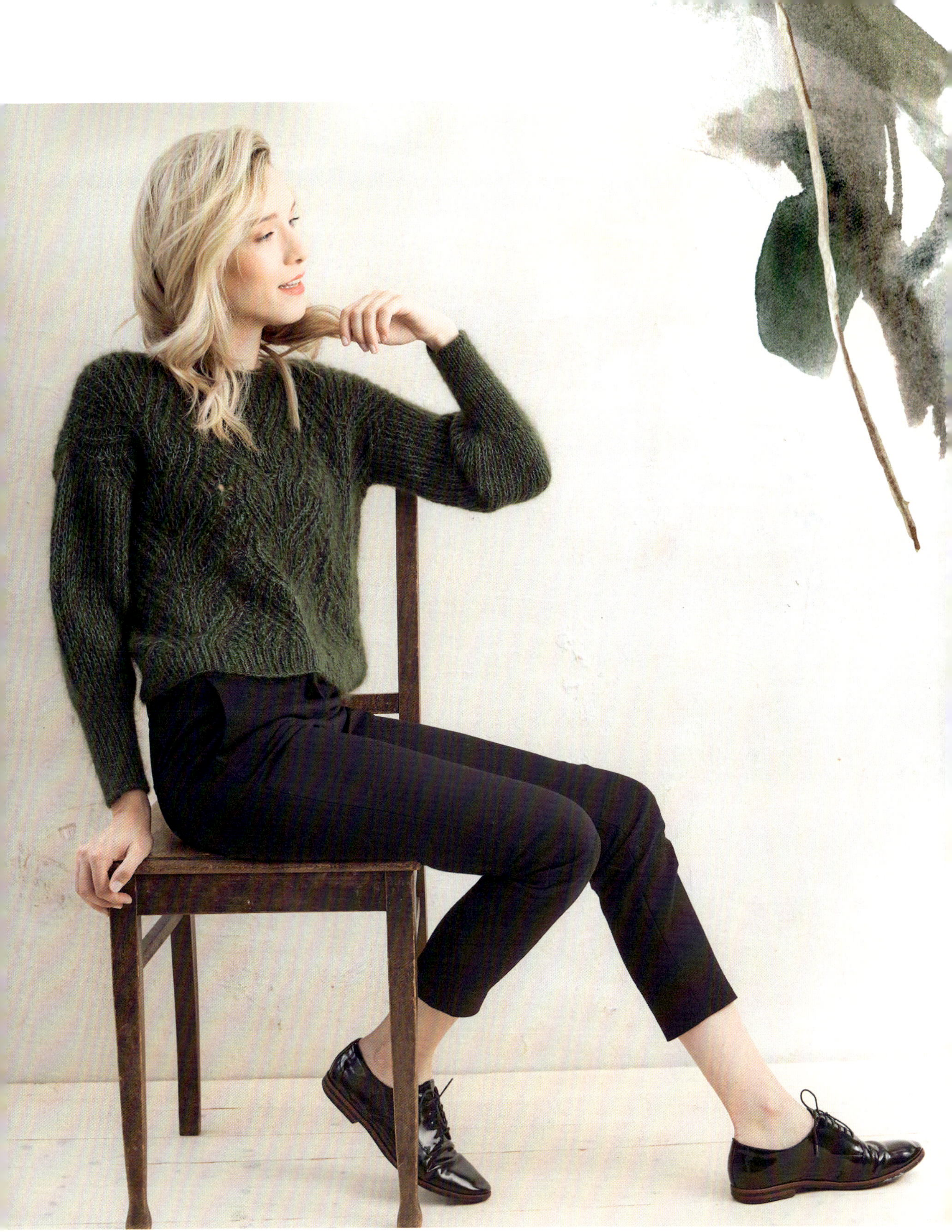

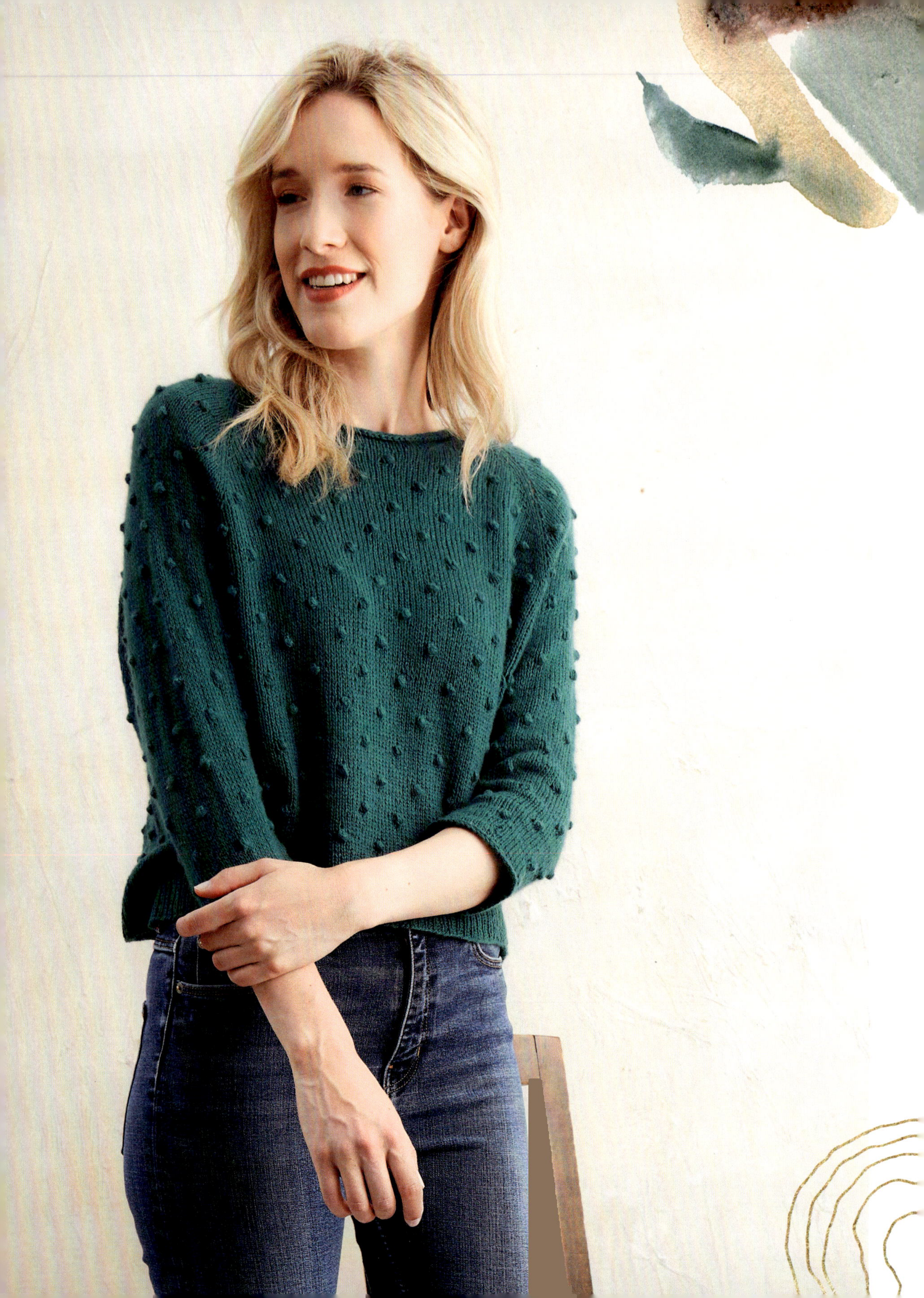

OCEAN
NOPPENSWEATER

SCHWIERIGKEITSGRAD 2

GRÖSSEN

XS/S/M/L/XL/XXL

Brustumfang: 100/105/110/115/124/138 cm (inkl. 15–25 cm Mehrweite)

Gesamtlänge: 48/49,5/55,5/57,5/64,5/67,5 cm

Hinweis: Die Angaben für die einzelnen Größen stehen hintereinander, jeweils durch Schrägstriche getrennt. Steht nur eine Angabe, gilt diese für alle Größen.

MATERIAL

Lang Yarns Cashmere Premium (LL 115 m/25 g) in Dunkelgrün (Fb 18), 200/225/250/275/325/375 g

Rundstricknadel 4,0 mm, mind. 80 cm lang | Rundstricknadel 3,5 mm, mind. 80 cm lang

evtl. Nadelspiel 4,0 mm (für die Ärmel) | Maschenmarkierer in zwei Farben:
4 in Farbe A (Raglan-MM), 5 in Farbe B (Hilfs-MM) | Wollnadel

MASCHENPROBE

Glatt rechts mit Nd 4,0 mm 21 M und 32 R = 10 cm x 10 cm (gewaschen und gespannt)

GLATT RECHTS

In Hinr rechte M, in Rückr linke M str, bzw. in Rd alle M rechts str.

NOPPE

1 Noppe str: Aus der folgenden M 6 M herausstr (= 1 M rechts verschränkt, 1 M rechts im Wechsel), dann nacheinander die 5., 4., 3., 2. und 1. M über die 6. M ziehen.

MASCHEN AUS DEM QUERFADEN ZUNEHMEN

1 M linksgeneigt zunehmen: Den Querfaden zwischen 2 M von vorn auf die linke Nd-Spitze nehmen und mit der rechten Nd rechts verschränkt str.

1 M rechtsgeneigt zunehmen: Den Querfaden zwischen 2 M von hinten auf die linke Nd-Spitze nehmen und mit der rechten Nd rechts str.

2 MASCHEN RECHTS ÜBERZOGEN ZUSAMMENSTRICKEN

1 M wie zum Rechtsstr abheben, die nächste M rechts str, dann die abgehobene M überziehen.

HINWEIS: Wenn nicht anders angegeben, werden die MM fortlaufend von der rechten auf die linke Nd gehoben.

ANLEITUNG

Der Pullover wird von oben nach unten in einem Stück gestrickt. Begonnen wird in R mit Zunahmen für den Rundhalsausschnitt. Dann wird zur Rd geschlossen und über die gesamte Passe werden beidseitig entlang der Raglanlinien in jeder 2. R Zunahmen gearbeitet. Über den gesamten Pullover werden gleichmäßig verteilt Noppen gestrickt. Abschluss bildet am Saum eine im Zickzackmuster begonnene 1/1-Rippe, an den Dreiviertel-Ärmeln und am Halsbündchen ergibt ein glatt rechts gestrickter Abschluss einfache Rollsäume.

NOPPENPLATZIERUNG

Noppen werden in jeder 8. R/Rd gearbeitet. Die 6. R ist die 1. Noppen-R. In jede 10. M 1 Noppe str, zwischen 2 Noppen liegen also je 9 M, jede 2. Noppen-R/Rd versetzt arb.
Für die 6. R ist die Noppenplatzierung genau beschrieben inkl. Platzierung von Hilfs-MM, für jede folgenden 8. R/Rd die Noppen wie folgt setzen:

Noppen-Rd (14. Rd und folgende): ** Bis 5 M vor den Hilfs-MM (dieser kann in dieser Rd entfernt werden) rechts str, neuen Hilfs-MM setzen, 1 Noppe arb, * 9 M rechts, in die nächste M 1 Noppe arb, ab * so oft wie möglich wdh, bis zum nächsten Raglan-MM rechts str, ab ** noch 3x wdh.
ACHTUNG: Der Abstand der ersten und letzten Noppen zum Raglan-MM sollte immer 4 M oder mehr betragen, ist der Abstand geringer wird diese Noppe nicht gearbeitet, sondern erst die folgende (in die 6. M nach Hilfs-MM).

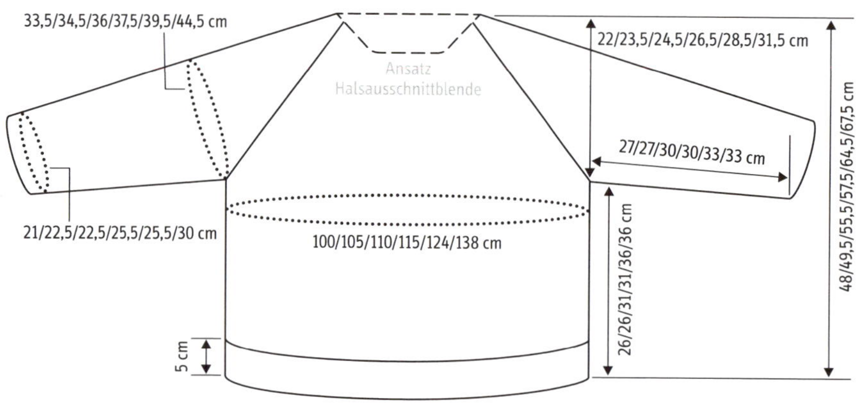

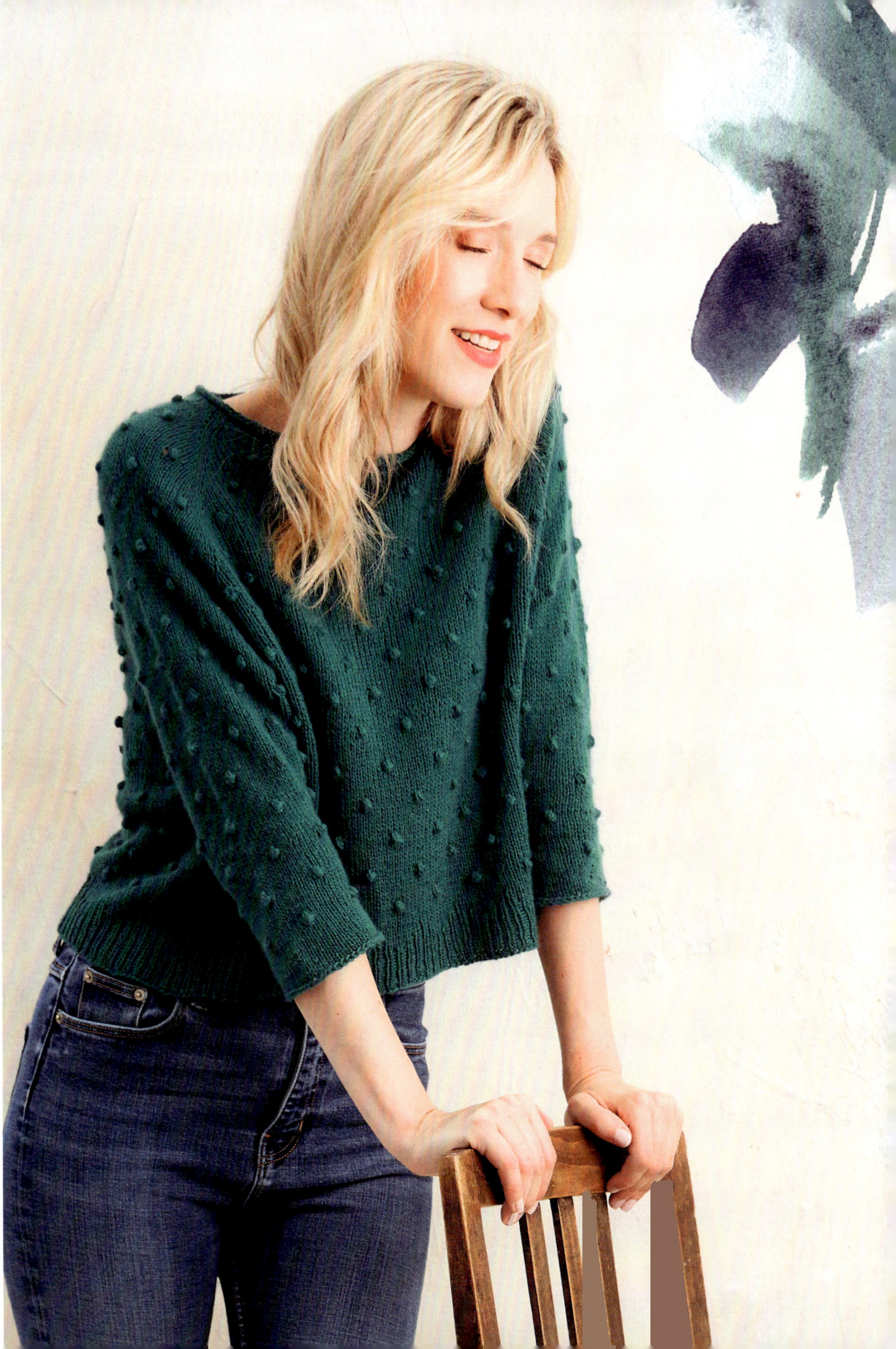

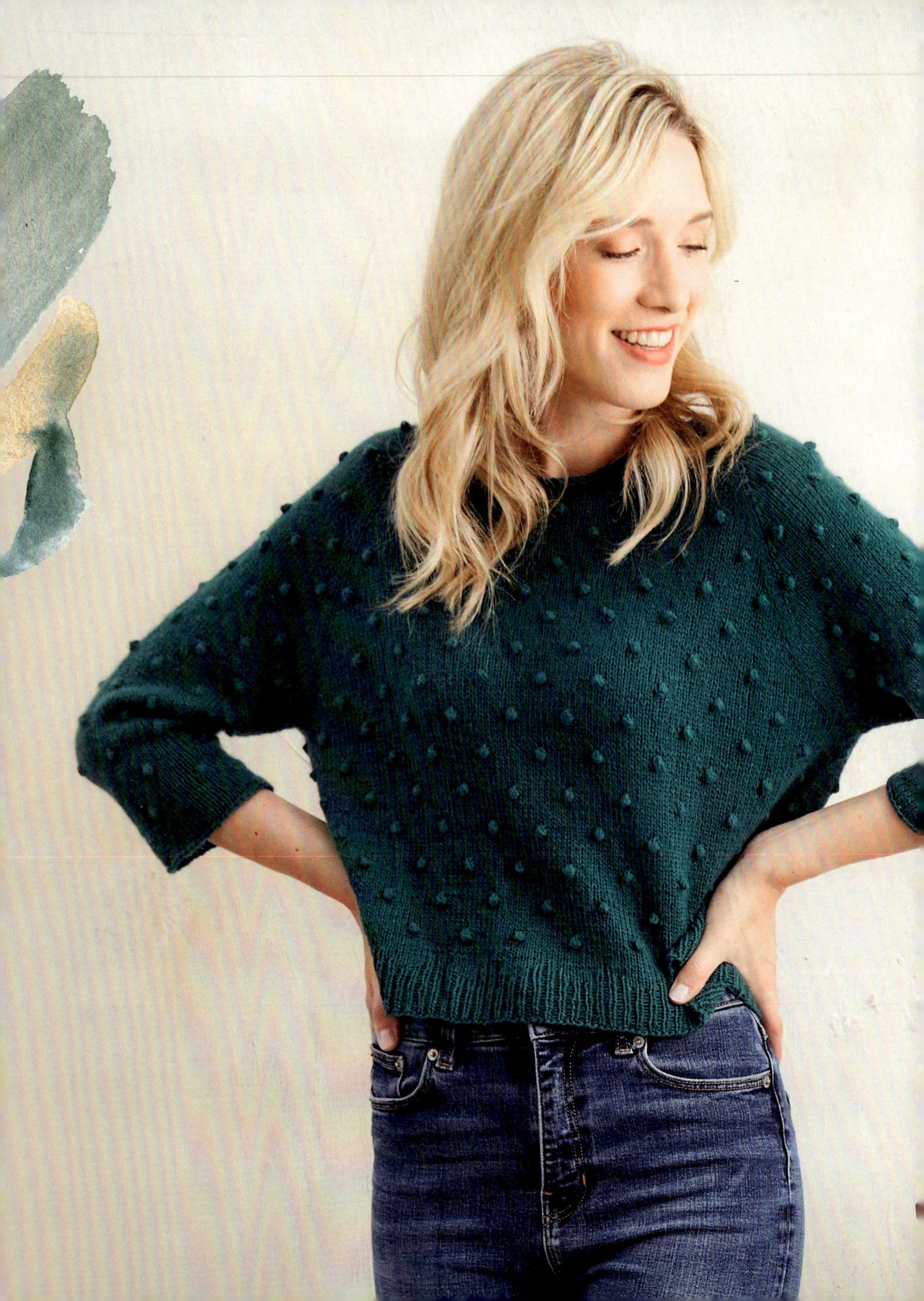

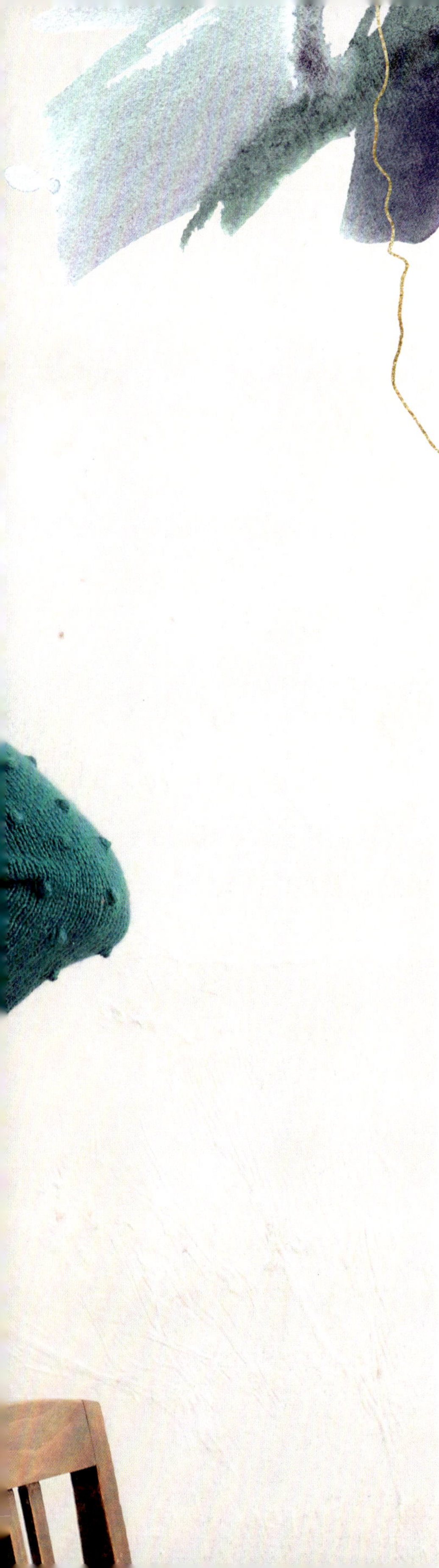

START

Mit Nd 4,0 mm 49/53/59/59/65/65 M im Kreuzanschlag anschl, noch nicht zur Rd schließen. Die Anschlagkante sollte locker und nicht zu fest gearbeitet werden. Mit einer Rückr starten und die MM wie folgt setzen:

ZUNAHMEN ABSCHNITT I

1. R (Rückr): 2 M links, Raglan-MM setzen, 9/11/13/13/15/15 M links (rechter Ärmel), Raglan-MM setzen, 27/27/29/29/31/31 M links (Rückenteil), Raglan-MM setzen, 9/11/13/13/15/15 M links (linker Ärmel), Raglan-MM setzen, 2 M links.

2. R (Hinr): * Bis 1 M vor dem MM rechts str, 1 M linksgeneigt zunehmen, 2 M rechts, 1 M rechtsgeneigt zunehmen, ab * noch 3x wdh, bis zum R-Ende rechts str.

3. R (Rückr): Alle M links str.

4.+5. R: Die 2.+3. R wdh.

6. R (Hinr): 2 M rechts, 1 M linksgeneigt zunehmen, * bis 1 M vor dem Raglan-MM rechts str, 1 M linksgeneigt zunehmen, 2 M rechts, ** 1 M rechtsgeneigt zunehmen, 5/6/7/7/8/8 M rechts, Hilfs-MM setzen, 1 Noppe arb, bis 1 M vor dem Raglan-MM rechts str, 1 M linksgeneigt zunehmen, 2 M rechts, 1 M rechtsgeneigt zunehmen, ** 4/4/5/5/6/6 M rechts, 1 Noppe arb, * 9 M rechts, 1 Noppe, ab * noch 1x wdh, bis 1 M vor Raglan-MM rechts, 1 M linksgeneigt zunehmen, 1 M rechts, MM abheben, von ** bis ** 1x wdh, bis 2 M vor R-Ende rechts, 1 M rechtsgeneigt zunehmen, 2 M rechts.

7. R: Alle M links str.

8. R: 2 M rechts, 1 M linksgeneigt zunehmen, * bis 1 M vor dem MM rechts str, 1 M linksgeneigt zunehmen, 2 M rechts, 1 M rechtsgeneigt zunehmen, ab * noch 3x wdh, bis 2 M vor R-Ende rechts str, 1 M rechtsgeneigt zunehmen, 2 M rechts.

9.-13. R: Die 7.+8. R noch 3x wdh, dann die 7. R noch 1x wdh.

14. R: 2 M rechts, 1 M linksgeneigt zunehmen, 7/7/8/8/9/9 M rechts, Hilfs-MM setzen,1 Noppe arb, ** bis 1 M vor dem Raglan-MM rechts str, 1 M linksgeneigt zunehmen, 2 M rechts, 1 M rechtsgeneigt zunehmen, bis 5 M vor dem Hilfs-MM rechts str, neuen Hilfs-MM setzen, 1 Noppe arb, bis Hilfs-MM (alt) rechts str, Hilfs-MM (alt) entfernen, * 9 M rechts, 1 Noppe arb, ab * so oft wie möglich wdh (bis zum nächsten Raglan-MM müssen 4 M oder mehr inkl. Zunahmen rechts gestrickt werden), ab ** noch 2x wdh, bis 1 M vor dem Raglan-MM rechts str, 1 M linksgeneigt zunehmen, 2 M rechts, 1 M rechtsgeneigt zunehmen, bis 9/9/10/10/11/11 M vor R-Ende rechts str, Hilfs-MM setzen, 1 Noppe arb, bis 2 M vor R-Ende rechts str, 1 M rechtsgeneigt zunehmen, 2 M rechts.

15.-19. R: Die 7.+8. R noch 2x wdh, dann die 7. R noch 1x wdh.

20 R/Rd: Bis 1 M vor dem Raglan-MM rechts str, 1 M linksgeneigt zunehmen, 2 M rechts, 1 M rechtsgeneigt zunehmen, ab * noch 3x wdh, bis zum R-Ende rechts str, 9/9/11/11/13/13 M aufschlingen, zur Rd schließen, bis 1 M vor dem Raglan-MM rechts str, MM (Rd-Beginn) setzen.

Es sind nun 152/156/160/160/164/164 M auf der Nd (= 47/47/49/49/51/51 je Vorder- und Rückenteil, 29/29/31/31/33/33 je Ärmel).

21. Rd: Alle M rechts str.

22. Rd: ** 1 M linksgeneigt zunehmen, 2 M rechts, 1 M rechtsgeneigt zunehmen, bis 5 M vor dem Hilfs-MM rechts str, neuen Hilfs-MM setzen, 1 Noppe arb, bis Hilfs-MM (alt) rechts, Hilfs-MM (alt) entfernen, * 9 M rechts, 1 Noppe arb, ab * so oft wie möglich wdh (bis zum nächsten Raglan-MM müssen 4 M oder mehr inkl. Zunahmen rechts gestrickt werden, sonst verfahren wie zu Anfang beschrieben), bis 1 M vor dem Raglan-MM rechts str, ab ** noch 3x wdh, bei der letzten Wiederholung bis zum MM (Rd-Beginn) rechts str.

23. Rd: Alle M rechts str.

24. Rd: * 1 M linksgeneigt zunehmen, 2 M rechts, 1 M rechtsgeneigt zunehmen, bis 1 M vor dem Raglan-MM rechts str, ab * noch 3x wdh, bei der letzten Wiederholung bis zum MM (Rd-Beginn) rechts str.

25.-29. Rd: Die 23.+24. Rd noch 2x wdh, dann die 23. Rd noch 1x wdh.

Die 22.-29. Rd so oft wdh, bis 27/28/29/30/29/30 Zunahme-Rd gearbeitet sind.

Es sind nun 288/300/316/324/324/332 M auf der Nd (= 81/83/87/89/89/91 M je Vorder- und Rückenteil, 54/56/58/60/58/60 M je Ärmel).

ZUNAHMEN ABSCHNITT II

Von nun an werden die Zunahmen für die Ärmel nur noch in jeder 4. Rd, also in jeder 2. Zunahme-Rd, gearbeitet, das Noppenmuster weiterstr wie bisher, es ist nicht in der folgenden Beschreibung enthalten.

1. Rd: * Bis zum MM rechts str, MM abheben, 1 M rechts, 1 M rechtsgeneigt zunehmen, bis 1 M vor dem MM rechts str, 1 M linksgeneigt zunehmen, 1 M rechts, ab * noch 1x wdh (= 4 M zugenommen).

2. Rd: Alle M rechts str.

3. Rd: *1 M rechts, 1 M rechtsgeneigt zunehmen, bis 1 M vor MM rechts str, 1 M linksgeneigt zunehmen, 1 M rechts, ab * noch 3x wdh (= 8 M zugenommen).

4. Rd: Alle M rechts str.

Die 1.-4. Rd noch 3x/4x/4x/5x/7x/9x wdh.

Es sind nun 318/338/350/370/390/422 M auf der Nd (= 97/103/107/113/121/131 M je Vorder- und Rückenteil, 62/66/68/72/74/80 M je Ärmel).

TEILUNG RUMPF UND ÄRMEL

Jetzt werden Rumpf und Ärmel einzeln fertiggestellt. Hierfür werden die Ärmel-M stillgelegt.

Aufteilungs-Rd: Bis zum Raglan-MM rechts str, 62/66/68/72/74/80 M auf einem M-Halter stilllegen (linker Ärmel), 8/7/8/7/9/14 M aufschlingen (ungefähr mittig einen MM für den Rd-Beginn setzen), 97/103/107/113/121/131 M rechts str (Rückenteil), 62/66/68/72/74/80 M auf einem M-Halter oder einem Garnrest stilllegen (rechter Ärmel), 8/7/8/7/9/14 M aufschlingen, rechts str bis zum MM am Rd-Beginn (Vorderteil).

Es sind nun für Vorder- und Rückenteil 210/220/230/240/260/290 M auf der Nd.

Weiter in jeder 8. Rd Noppen arb. Hierfür über die neuen Seiten-M Noppen mustergemäß in jeder 10. M hinzufügen.
Nach ca. 21/21/26/26/31/31 cm gemessen entlang der Seite (oder nach gewünschter Seitenlänge minus 5 cm Bündchenlänge) nach 7 Rd glatt rechts (ohne Noppen) das Bündchen arb.

ZICKZACKBÜNDCHEN

Zu Nd 3,5 mm wechseln.
1. Rd: Bis auf Höhe der Noppe der vorletzten Noppen-Rd rechts str, * 1 M links, 9 M rechts, ab * fortlaufend wdh.
2.+3. Rd: Alle M str, wie sie erscheinen.
4. Rd: Bis 2 M vor der linken M str, * 1 M links, 1 M rechts, 1 links, 1 M rechts, 1 M links, 5 M rechts, ab * fortlaufend wdh,
5.+6. Rd: Alle M str, wie sie erscheinen.
7. Rd: * 1 M links, 1 M rechts, ab * fortlaufend wdh.
8.-16. Rd: Alle M str, wie sie erscheinen.
Alle M mustergemäß abk.

ÄRMEL (2x)

Die 62/66/68/72/74/80 Ärmel-M der einen Seite auf eine Rundstricknd (oder ein Ndspiel) 4,0 mm nehmen, aus den aufgeschlungenen M 8/7/8/7/9/14 M auffassen, zur Rd schließen (= 70/73/76/79/83/94 M). Einen MM für den Rd-Beginn ungefähr mittig der aufgefassten M setzen. Alle 4 Rd eine Abnahme-Rd arb wie folgt: 1 M rechts, 2 M rechts zusammenstr, bis 3 M vor Ende rechts str, 2 M rechts überzogen zusammenstr, 1 M rechts str. Gleichzeitig in jeder 8. Rd im Noppenmuster weiterarb wie bisher, dafür falls möglich im Abstand von 10 M eine weitere Noppe je Seite/Unterarm hinzufügen. Nur dann eine Noppe arb, wenn der Abstand zum Rd-Beginn 4 oder mehr M beträgt! Nach 13/13/14/14/15/15 Abnahme-Rd ohne Abnahmen weiterstr, bis eine Ärmellänge von ca. 27/27/30/30/33/33 cm gemessen ab Unterarm erreicht ist, hierfür nach 7 Rd rechts (ohne Noppen) enden.
Alle M rechts abk. Die M rollen sich automatisch zu einem kleinen Rollrand auf.

HALSAUSSCHNITTBLENDE

Mit Nd 4,0 mm 88/92/100/100/108/108 M aus dem Halsausschnitt auffassen, in der hinteren Mitte beginnen und zur Rd schließen. Über ca. 2 cm glatt rechts str, dann alle M elastisch abk. Die M rollen sich automatisch zu einem kleinen Rollrand auf.

FERTIGSTELLEN

Alle Fäden vernähen. Den Pullover waschen und den Maßen entsprechend mithilfe einer Spannmatte oder eines Handtuchs spannen.

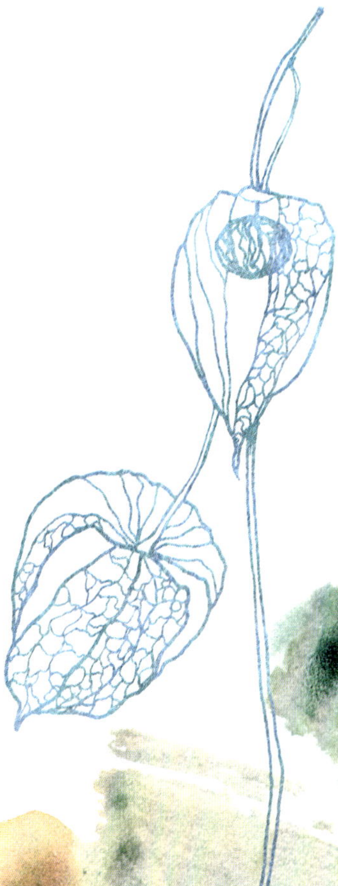

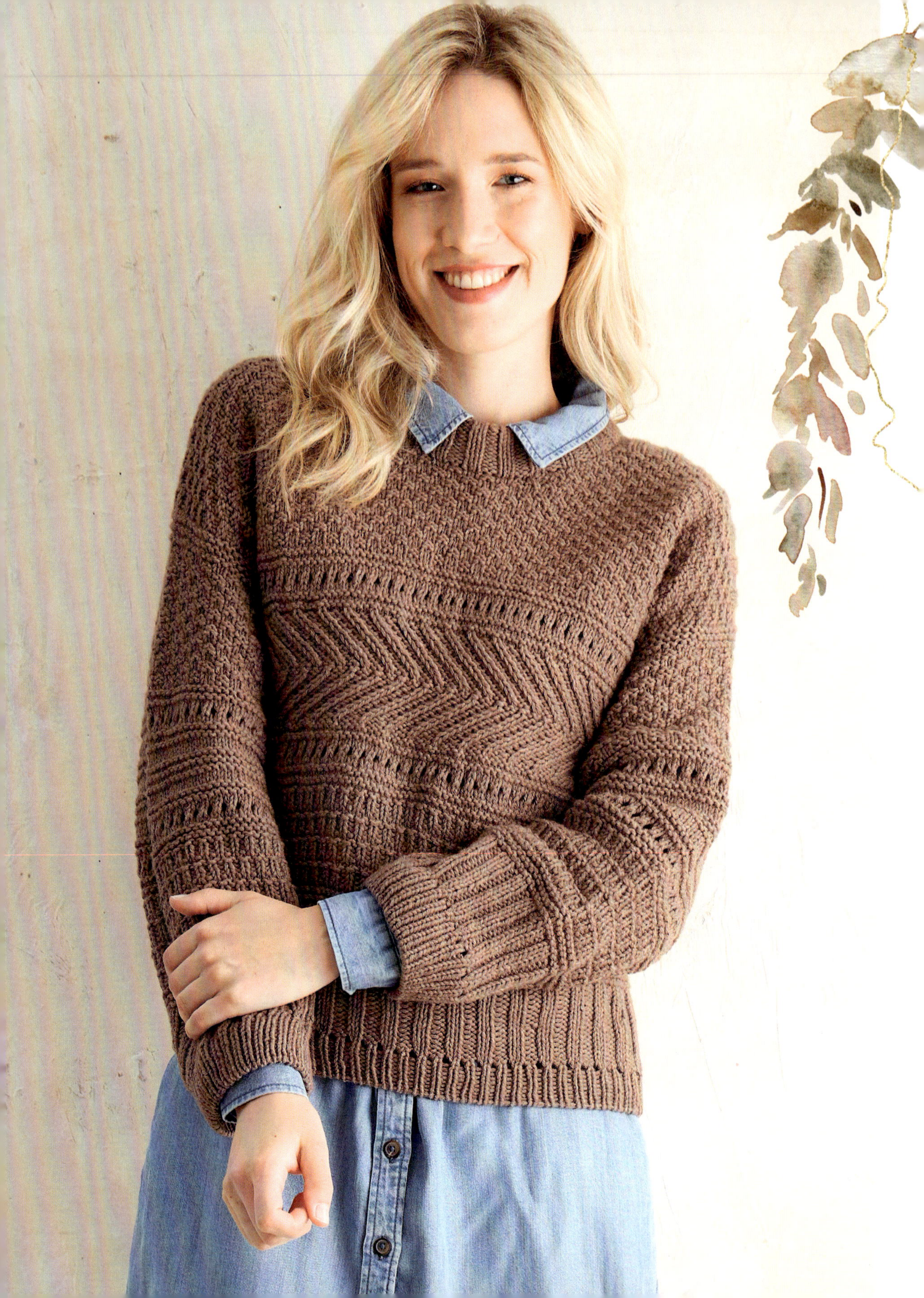

ZEDER
MUSTERMIX-PULLOVER

SCHWIERIGKEITSGRAD 3

GRÖSSEN

XS/S/M/L/XL/2XL

Brustumfang: 102/107/112/117/125/135 cm (inkl. 20–25 cm Mehrweite)

Gesamtlänge (mittig am Rücken gemessen): 55/55,5/57/58,5/60/62 cm

Hinweis: Die Angaben für die einzelnen Größen stehen hintereinander, jeweils durch Schrägstriche getrennt. Steht nur eine Angabe, gilt diese für alle Größen.

MATERIAL

BC Garn Northern Lights GOTS (LL 200 m/100 g) in Mink (Fb 06), 700/800/800/900/900/1000 g
Rundstricknadeln 5,0 mm, 40 cm und 80 cm lang | Rundstricknadeln 4,0 mm, 40 cm und 80 cm lang
Maschenmarkierer | Wollnadel

MASCHENPROBE

Im Mustermix mit Nd 5,0 mm 17 M und 29 R = 10 cm x 10 cm

DOPPELTES PERLMUSTER

In Reihen

1. R (Hinr): Rdm, * 2 M rechts, 2 M links, ab * fortlaufend wdh, Rdm.
2. R (Rückr): Rdm, * 2 M links, 2 M rechts, ab * fortlaufend wdh, Rdm.
3. R (Hinr): Wie die 2. R = Rückr str.
4. R (Rückr): Wie die 1. R = Hinr str.
Die 1.-4. R fortlaufend wdh.

In Runden

1.+2. Rd: * 2 M rechts, 2 M links, ab * fortlaufend wdh bis Rd-Ende.
3.+4. Rd: * 2 M links, 2 M rechts, ab * fortlaufend wdh bis Rd-Ende.
De 1.-4. Rd fortlaufend wdh.

2/2-RIPPENMUSTER

In Reihen

In Hinr: Rdm, * 2 M links, 2 M rechts, ab * fortlaufend wdh bis 3 M vor R-Ende, 3 M rechts.
In Rückr: Rdm, * 2 M rechts, 2 M links, ab * fortlaufend wdh bis 3 M vor R-Ende, 2 M links, 1 M rechts.

In Runden

2 M rechts, 2 M links im Wechsel str.

1/1-RIPPENMUSTER

1 M rechts, 1 M links im Wechsel str.

KRAUS RECHTS

In Rd 1 Rd rechte M, 1 Rd linke M im Wechsel str.

MUSTER A1

Nach der Strickschrift str. Es sind Hin- und Rückr gezeichnet. In den Hinr mit den 2 M vor dem Rapport beginnen, den Rapport von 2 M fortlaufend wdh. Die 1.-12. R 1x str.

MUSTER A2

Nach der Strickschrift str. Den Rapport von 2 M fortlaufend wdh. Die 1.-13. Rd wie in der Anleitung angegeben wdh.

MUSTER B

Nach der Strickschrift str. Den Rapport von 4 M fortlaufend wdh. Die 1.-23. Rd 1x str.

MUSTER C

Nach der Strickschrift str. Den Rapport von 4 M fortlaufend wdh. Die 1.-10. Rd wie in der Anleitung angegeben wdh.

MUSTER D

Nach der Strickschrift str. Den Rapport von 2 M fortlaufend wdh. Die 1.-9. Rd 1x str.

MASCHEN AUS DEM QUERFADEN ZUNEHMEN

1 rechte M rechtsgeneigt zunehmen: Den Querfaden zwischen 2 M von hinten auf die linke Nd-Spitze nehmen und mit der rechten Nd rechts str.

1 rechte M linksgeneigt zunehmen: Den Querfaden zwischen 2 M von vorn auf die linke Nd-Spitze nehmen und mit der rechten Nd rechts verschränkt str.

1 linke M linksgeneigt zunehmen: Den Querfaden zwischen 2 M von vorn auf die linke Nd-Spitze nehmen und mit der rechten Nd links verschränkt str.

1 linke M rechtsgeneigt zunehmen: Den Querfaden zwischen 2 M von hinten auf die linke Nd-Spitze nehmen und mit der rechten Nd links str.

RANDMASCHEN

Die Rdm in Hin- und Rückr am R-Beginn und am R-Ende immer rechts str.

MUSTER A1
(IN REIHEN)

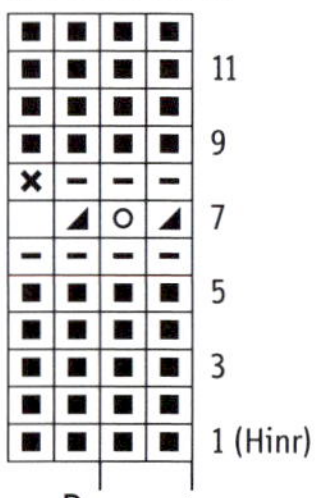

Rapport =
2 Maschen

MUSTER A2
(IN RUNDEN)

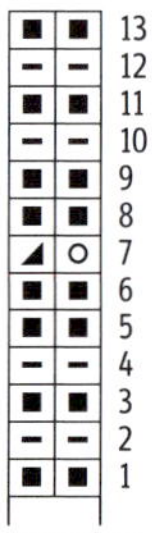

Rapport =
2 Maschen

MUSTER B

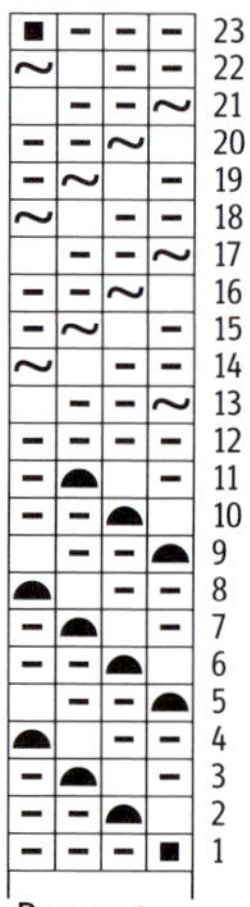

Rapport =
4 Maschen

MUSTER C

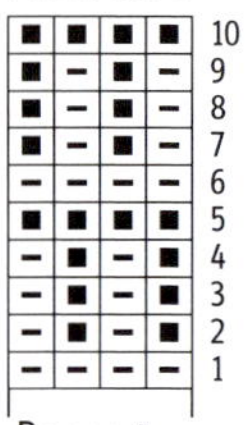

Rapport =
4 Maschen

MUSTER D

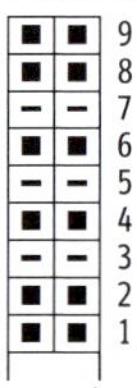

Rapport =
2 Maschen

■ = 1 Masche rechts

− = 1 Masche links

☐ = keine Masche, dient nur der besseren Übersicht

◢ = 2 Maschen rechts zusammenstricken

○ = 1 Umschlag

✕ = 1 linke Masche linksgeneigt aus dem Querfaden zunehmen

◓ = Die folgende Masche auslassen und auf der linken Nadel lassen. Mit der rechten Nadel von hinten in die darauffolgende Masche einstechen und diese links verschränkt stricken. Dann die ausgelassene Masche vor der soeben gestrickten Masche rechts stricken. dann beide Maschen von der linken Nadel auf die rechte Nadel heben.

~ = Die folgende Masche auslassen und auf der linken Nadel lassen. Mit der rechten Nadel vor der linken Nadel die darauffolgende Masche rechts stricken. Dann die ausgelassene Masche links verschränkt stricken und beide Maschen von der linken Nadel auf die rechte Nadel heben

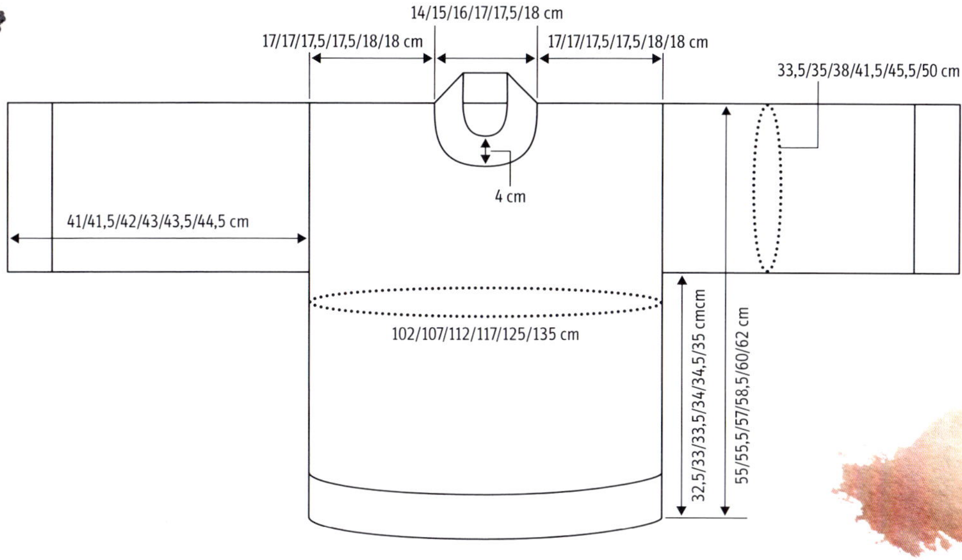

ANLEITUNG

Der Pullover wird von oben nach unten in einem Stück gestrickt. Dabei werden das obere Rückenteil und das linke und rechte Vorderteil zunächst separat in R gearbeitet. Dann werden die beiden Vorderteile verbunden. Anschließend werden Vorder- und Rückenteil verbunden und es wird in Rd weitergestrickt. Halsausschnittblende und Ärmel werden direkt angestrickt.

RÜCKENTEIL

Mit Nd 5,0 mm 24 M anschl.

1 Rückr wie folgt str, um das Muster einzuteilen: Rdm, * 2 M rechts, 2 M links, ab * wdh, bis 3 M vor R-Ende, 3 M rechts. Die Anschlagkante und diese R verschwinden später im Halsausschnitt.

Nun im doppelten Perlmuster in R arb, dabei mit der 1. R (Hinr) beginnen. Gleichzeitig nach und vor der Rdm in den Hin- und Rückr jeweils 1 M wie folgt zunehmen:

Folgen in der Hinr rechte M nach der Rdm, 1 linke M rechtsgeneigt zunehmen, in der nachfolgenden Rückr entsprechend 1 rechte M rechtsgeneigt. Am Ende der Hinr 1 linke M linksgeneigt zunehmen und in der Rückr entsprechend 1 rechte M linksgeneigt.

Folgen in der Hinr linke M nach der Rdm, 1 rechte M linksgeneigt zunehmen, in der folgenden Rückr entsprechend 1 linke M linksgeneigt. Am Ende der Hinr 1 rechte M rechtsgeneigt zunehmen und in der Rückr 1 linke M rechtsgeneigt. Insgesamt 17/18/18/18/19/19 Zunahmen arb.

Achtung: Die Zunahmen der Hinr und Rückr zählen hier als 1 Zunahme (= pro 2 R werden 4 M zugenommen). Es sind nun 92/96/96/96/100/100 M auf der Nd.

Im doppelten Perlmuster fortfahren, bis die Arbeit 18/19/19,5/20/21,5/23 cm ab der Anschlagkante misst. Mit einer 2. R (Rückr) enden.

Nun zwischen den Rdm im Muster A1 nach der Strickschrift die 1.-12. R 1x str. Anschließend die M stilllegen und mit dem linken Vorderteil fortfahren.

LINKES VORDERTEIL

Nun 34/34/35/35/36/36 M aus den M der Anschlagkante des Rückenteils auffassen, dabei vom Nacken Richtung Schulter mit dem kurzen Ende des Garns arb, um in einer Hinr fortzufahren. Im 2/2-Rippenmuster in R arb, dabei in jeder Hinr an der Seite des Halsausschnitts 2x/2x/3x/3x/4x/4x je 1 M abnehmen (= 32 M). Im 2/2-Rippenmuster weiterarb, bis 12 R ohne Abnahmen gestrickt sind.

Nun im doppelten Perlmuster weiterarb und gleichzeitig an der Seite des Halsausschnitts M zunehmen. Dabei das Perlmuster hier mit 2 M rechts nach der Rdm beginnen, um gleich zu Beginn einen Kontrast zum 2/2-Rippenmuster zu erhalten. Die Zunahmen erfolgen diesmal nur in der Hinr und werden am R-Beginn nach der Rdm eingefügt. Im Wechsel 1 linke M rechtsgeneigt und 1 rechte M linksgeneigt zunehmen, bis insgesamt 10/10/10/12/12/14 M zugenommen wurden. Mit einer Rückr enden. Es sind nun nun 42/42/42/44/44/46 M auf der Nd. Die M der linken Vorderseite stilllegen und mit der rechten Vorderseite fortfahren.

RECHTES VORDERTEIL

Das rechte Vorderteil gegengleich zum linken Vorderteil arb. 34/34/35/35/36/36 M aus den M der Anschlagkante des Rückens auffassen, dabei von der Schulter Richtung Nacken mit dem kurzen Ende des Garns arb, um in einer Hinr fortzufahren. Im 2/2-Rippenmuster in R arb. dabei in jeder Hinr an der Seite des Halsausschnitts 2x/2x/3x/3x/4x/4x je 1 M abnehmen (= 32 M). Im 2/2-Rippenmuster weiterarb, bis 12 R ohne Abnahmen gestrickt sind.
Nun im doppelten Perlmuster weiterarb und gleichzeitig an der Seite des Halsausschnitts M zunehmen. Das Perlmuster mit 2 M rechts nach der Rdm beginnen, um gleich zu Beginn einen Kontrast zum 2/2-Rippenmuster zu erhalten. Die Zunahmen erfolgen diesmal nur in der Hinr und werden am R-Ende vor der Rdm eingefügt. Im Wechsel 1 linke M linksgeneigt und 1 rechte M rechtsgeneigt zunehmen, bis insgesamt 10/10/10/12/12/14 M zugenommen wurden. Mit einer Rückr enden. Es sind nun nun 42/42/42/44/44/46 M auf der Nd.

VORDERTEILE VERBINDEN

In der folgenden Hinr die beiden Vorderteile miteinander verbinden: Rdm, im doppelten Perlmuster über die M des rechten Vorderteils str, die Rdm an der Seite des Halsausschnitts ins Muster einpassen, 12/12/12/12/12/16 M aufschlingen, die Rdm an der Seite des Halsausschnitts auch hier ins Muster einpassen, im doppelten Perlmuster über die M des rechten Vorderteils str, Rdm. Es sind nun 96/96/96/100/100/108 M für das Vorderteil auf der Nd.
Nun in R im doppelten Perlmuster fortfahren, bis die Arbeit 8,5/8,5/9/9,5/10,5/11 cm ab der Anschlagkante mittig am Halsausschnitt misst. Dann zwischen den Rdm Muster A1 nach der Strickschrift str.

VORDER- UND RÜCKENTEIL VERBINDEN

In der folgenden Hinr Vorder- und Rückenteil zum Rumpf verbinden. Dazu beginnend am Vorderteil über alle M rechts str, unter den Armen jeweils 4/6/8/10/12/16 M aufschlingen (= 196/204/208/216/224/240). Am Rd-Ende bzw. Rd-Beginn einen MM setzen. Ab hier wird in Rd gearbeitet.
Muster B nach der Strickschrift arb, die 1.-23. Rd 1x arb. Anschließend Muster A2 nach der Strickschrift str, die 1.-13. Rd 1x str. Dann zu Muster C wechseln, nach der Strickschrift str, die 1.-10. Rd 2x arb. Nochmals Muster A2 nach der Strickschrift str, die 1.-13. Rd 1x str.
Nun 6,5/6,5/7/7/7/7 cm im 2/2-Rippenmuster str. Zu Nd 4,0 mm wechseln und in der folgenden Rd im Wechsel 2 M rechts zusammenstr und 1 U arb. Noch 6/6/6/6,5/6,5/6,5 cm im 1/1-Rippenmuster arb. Dann die M italienisch abnähen.

HALSAUSSCHNITTBLENDE

Mit Nd 4,0 mm entlang des Halsausschnitts 80/84/84/88/92/100 M auffassen, dabei am Nacken beginnen: 1 M aus jeder M am Nacken und am Hals vorn herausstr, entlang der Seiten jeweils 1 M aus jedem Knötchen herausstr. Zur Rd schließen und 23 Rd im 2/2-Rippenmuster str. Die M abk. Das Gestrick nach innen umschlagen und die Abkettkante an der Innenseite des Halsausschnitts festnähen.

ÄRMEL (2x)

Mit Nd 5,0 mm entlang der Armausschnitte 64/68/72/80/88/100 M auffassen, dabei unter dem Arm beginnen: Aus jeder aufgeschlungenen M 1 M und entlang der Seiten aus jedem Knötchen 1 M herausstr. Zur Rd schließen und 6 Rd kraus rechts str. Anschließend 9/9,5/9,5/10/10,5/11,5 cm im doppelten Perlmuster arb. Dann Muster A2 nach der Strickschrift arb, die 1.-13. Rd 1x str. Danach Muster D nach der Strickschrift str, die 1.-9. Rd 1x arb. Noch 1x Muster A2 nach der Strickschrift str. Es folgt Muster C nach der Strickschrift, die 1.-10. Rd 2x arb. Nun wieder 6 Rd kraus rechts str. Anschließend 6,5/6,5/7/7/7/7 cm im 2/2-Rippenmuster arb. Zu Nd 4,0 mm wechseln und in der folgenden Rd im Wechsel 2 M rechts zusammenstr und 1 U arb. Noch 6/6/6/6,5/6,5/6,5 cm im 1/1-Rippenmuster arb. Dann die M italienisch abnähen..

FERTIGSTELLEN

Alle Fäden vernähen. Den Sweater in lauwarmem Wasser waschen und für eine optimale Passform spannen.

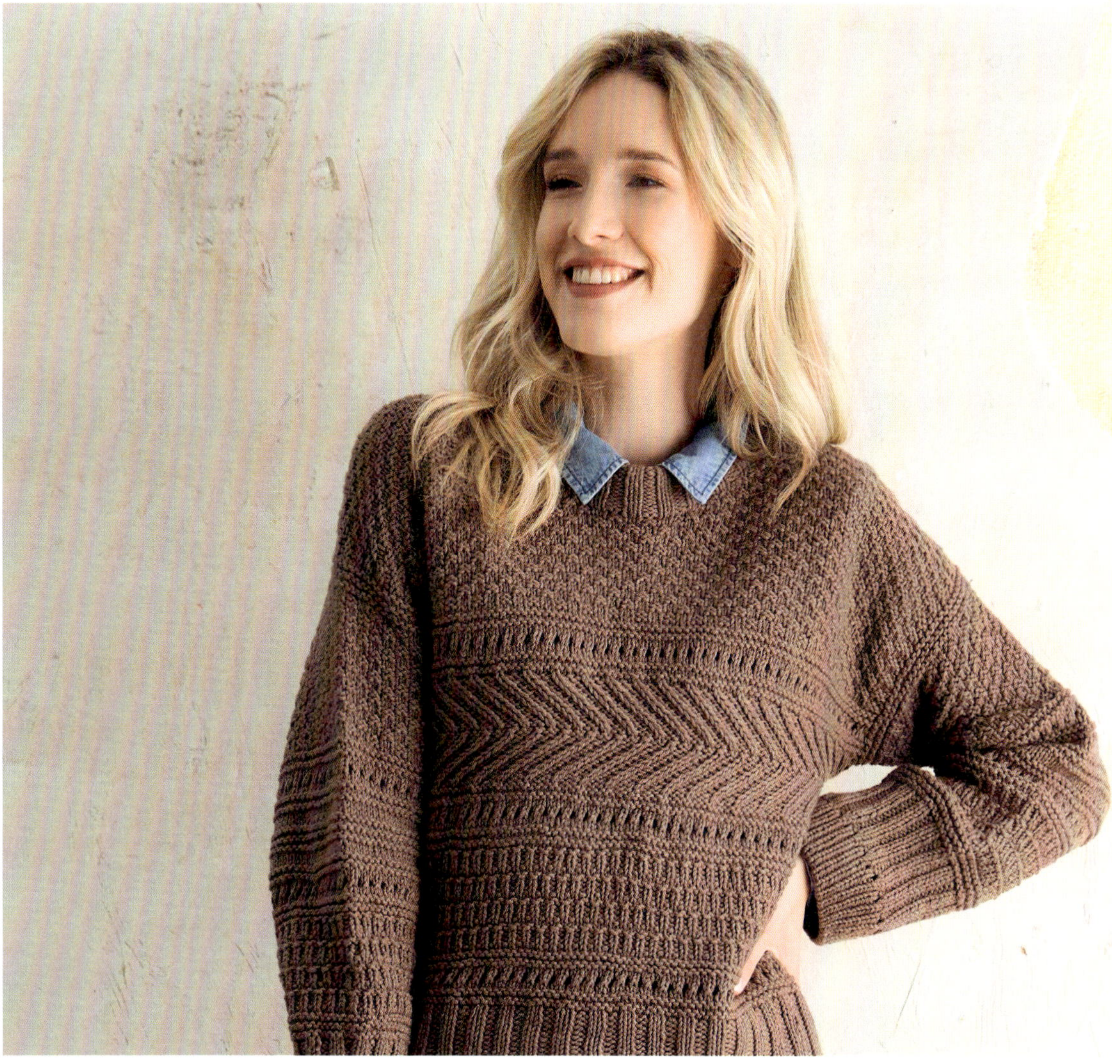

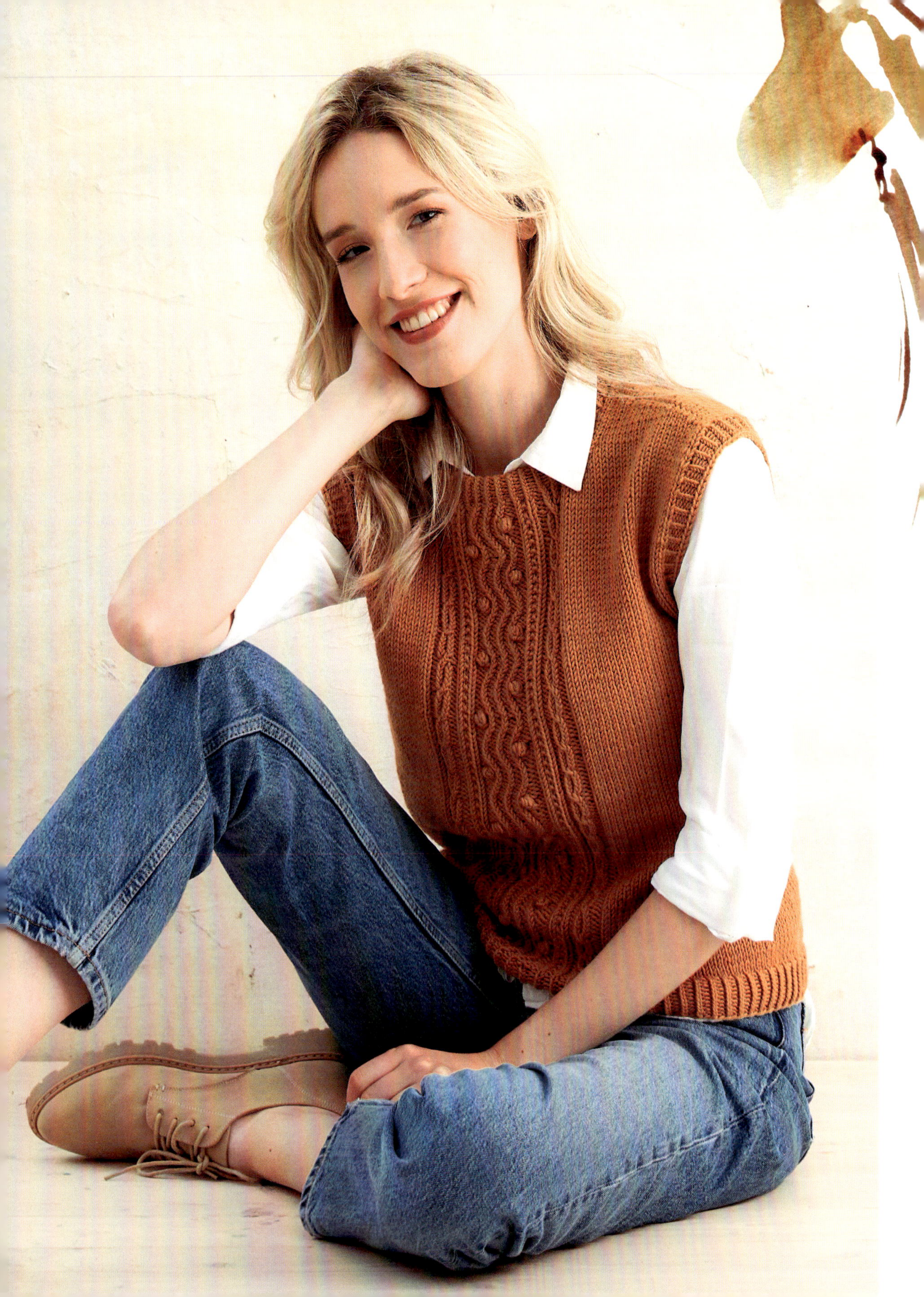

MUSTARD
SLIPOVER IM STRUKTURMUSTER

SCHWIERIGKEITSGRAD 2

GRÖSSEN

XS/S/M/L/XL/2XL

Brustumfang: 95/101/107,5/113,5/122/130,5 cm (inkl. 10–20 cm Mehrweite)

Gesamtlänge: 61,5/64,5/67,5/70,5/73,5/77,5 cm

Hinweis: Die Angaben für die einzelnen Größen stehen hintereinander, jeweils durch Schrägstriche getrennt. Steht nur eine Angabe, gilt diese für alle Größen.

MATERIAL

Lang Yarns Merino+ (LL 90 m/50 g) in Cognac (Fb 211), 350/400/450/500/550/600 g

Rundstricknadel 4,5 mm, mind. 80 cm lang | Rundstricknadel 3,5 mm, mind. 80 cm lang

Hilfs- oder Zopfnadel | 4 Maschenmarkierer | Wollnadel

MASCHENPROBE

Glatt rechts mit Nd 4,5 mm 19 M und 26 R = 10 cm x 10 cm (gewaschen und gespannt)

RIPPENMUSTER (mit verschränkten Maschen)

1 M rechts verschränkt, 1 M links im Wechsel str.

GLATT RECHTS

In Hinr rechte M, in Rückr linke M str, bzw. in Rd alle M rechts str.

STRUKTURMUSTER ÜBER 33 MASCHEN

Die M sind so gezeichnet, wie sie auf der Vorderseite erscheinen.

Über 33 M in Rd bzw. in R nach der Strickschrift str. Die 1.-12. Rd/R fortlaufend wdh, dabei sind die ungeraden R Rückr.

NOPPE

1 Noppe str: Aus der folgenden M 6 M herausstr (= 1 M rechts verschränkt, 1 M rechts im Wechsel), dann nacheinander die 5., 4., 3., 2. und 1. M über die 6. M ziehen.

1 MASCHE AUS DEM QUERFADEN ZUNEHMEN

1 linke M rechtsgeneigt zunehmen: Den Querfaden zwischen 2 M von hinten auf die linke Nd-Spitze nehmen und mit der rechten Nd links str.

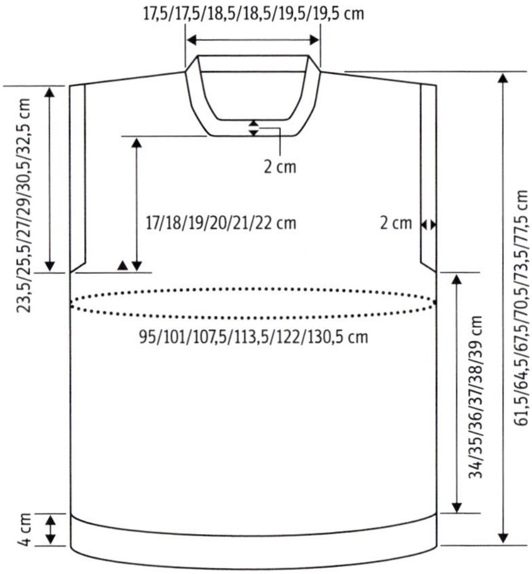

STRUKTURMUSTER IN RUNDEN UND REIHEN

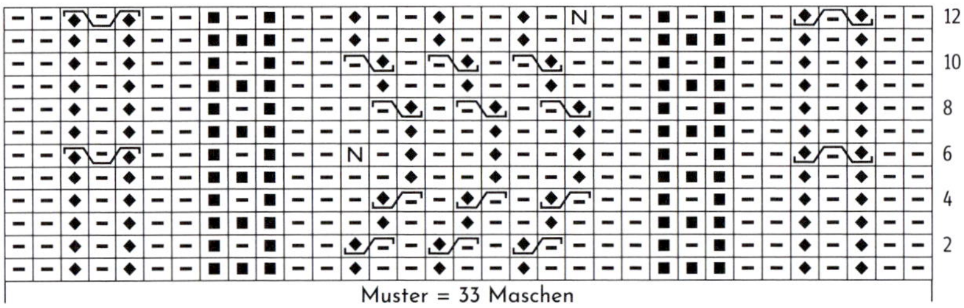

– = In Runden und in Hinreihen 1 Masche links, in Rückreihen 1 Masche rechts

■ = In Runden und in Hinreihen 1 Masche rechts, in Rückreihen 1 Masche links

◆ = In Runden und Hinreihen 1 Masche rechts verschränkt, in Rückreihen 1 Masche links verschränkt

◆/– = 1 Masche auf einer Hilfsnadel hinter die Arbeit legen, 1 Masche rechts verschränkt stricken, dann die Masche der Hilfsnadel links stricken

–\◆ = 1 Masche auf einer Hilfsnadel vor die Arbeit legen, 1 Maschen links stricken, dann die Masche der Hilfsnadel rechts verschränkt stricken

◆/–\◆ = 1 Masche auf einer Hilfsnadel vor die Arbeit legen, 2 Maschen zusammen wie zum Rechtsstricken abheben (dabei wechseln die beiden Maschen die Position), die 2 Maschen wieder auf die linke Nadel heben, 1 Masche rechts verschränkt, 1 Masche links stricken, dann die Masche der Hilfsnadel rechts verschränkt stricken

◆\–/◆ = 1 Masche auf einer Hilfsnadel hinter die Arbeit legen, 2 Maschen zusammen wie zum Rechtsstricken abheben (dabei wechseln die beiden Maschen die Position), die 2 Maschen wieder auf linke Nadel heben, 1 Masche rechts verschränkt, 1 Masche links stricken, dann die Masche der Hilfsnadel rechts verschränkt stricken

N = 1 Noppe stricken: Aus der folgenden Masche 6 Maschen herausstricken (1 Masche rechts, 1 Masche links im Wechsel), dann nacheinander die 5., 4., 3., 2., und 1. Masche über die 6. Masche ziehen

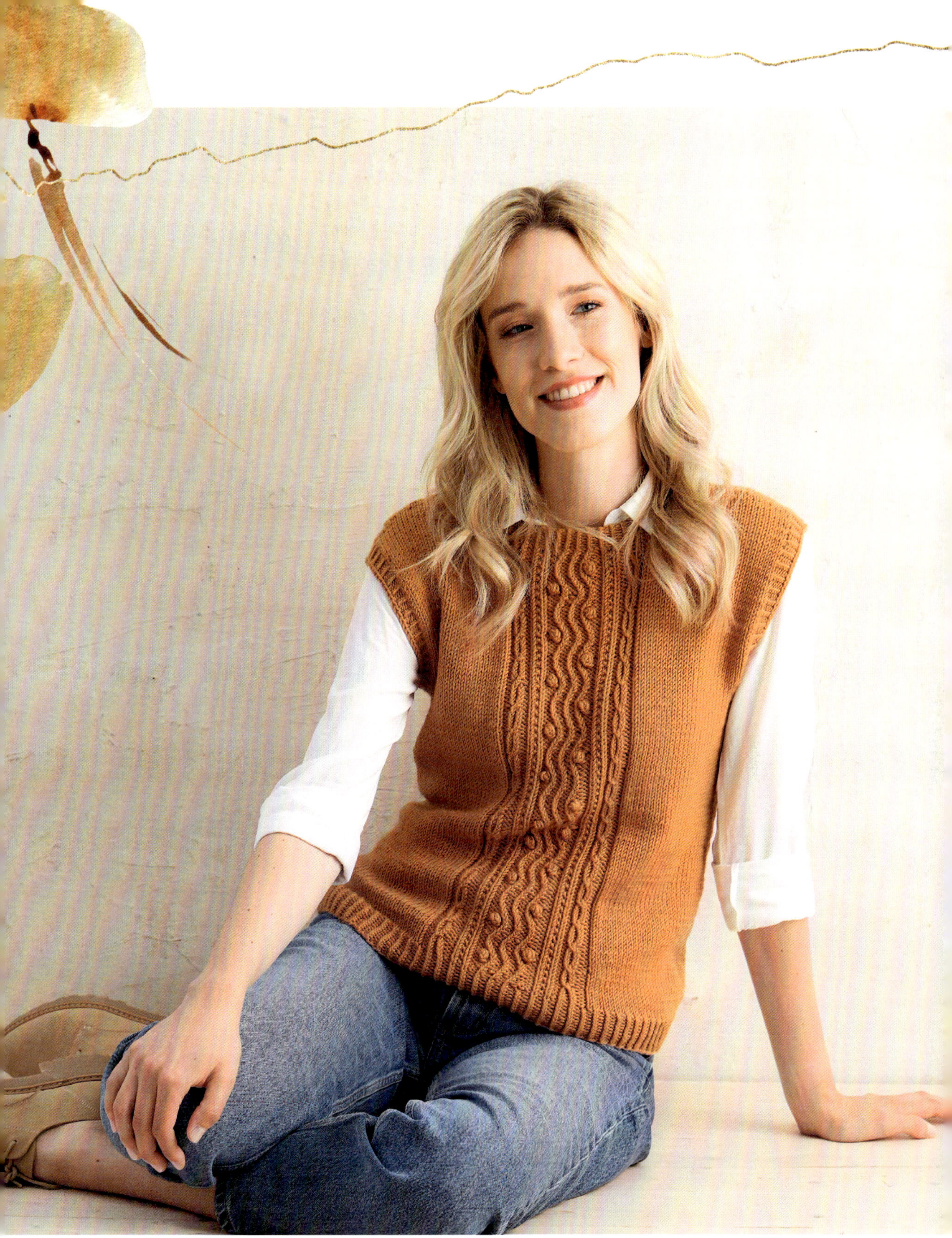

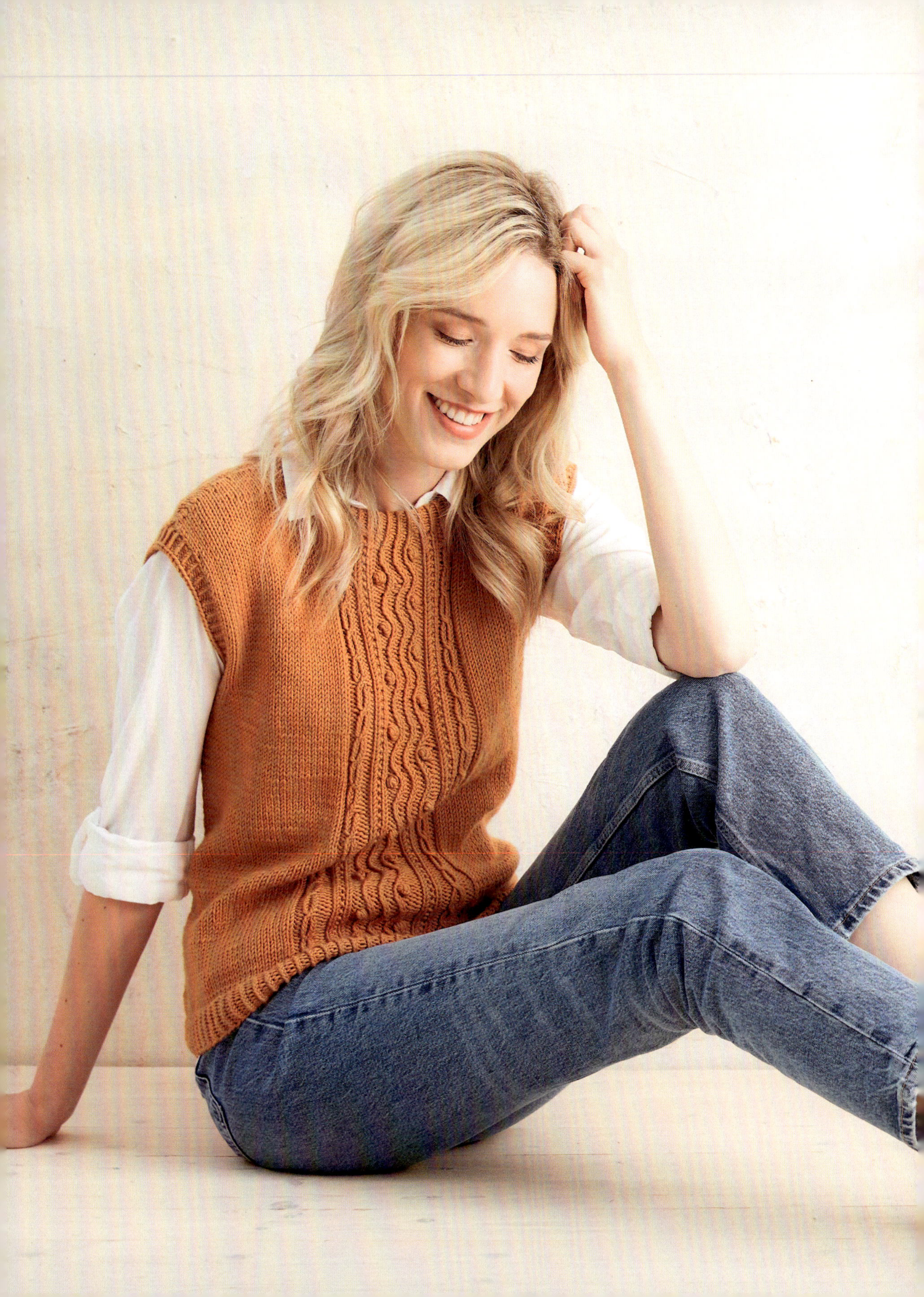

2 MASCHEN RECHTS ÜBERZOGEN ZUSAMMENSTRICKEN

1 M wie zum Rechtsstr abheben, die nächste M rechts str, dann die abgehobene M überziehen.

VERKÜRZTE REIHEN

Nicht bis zum R-Ende stricken, sondern vorher wenden und zurückstricken, die restlichen M der R werden nicht gestrickt. Bei jedem Wenden als Wende-M eine Dm arbeiten.
1 Dm arb: Dafür die Nd in die nächste M wie zum Linksstr einstechen, Faden von vorne nach hinten über die Arbeit ziehen, die entstandene Dm hierbei auf die rechte Nd gleiten lassen. Die Dm immer wie eine einzelne M abstricken.

HINWEIS: Wenn nicht anders angegeben, werden die MM fortlaufend von der rechten auf die linke Nd gehoben.

ANLEITUNG

Der Slipover wird von unten nach oben in einem Stück zunächst in Rd gestrickt, ab den Armausschnitten werden Vorder- und Rückenteil separat in R beendet. Die Schulternähte werden mit der Drei-Nd-Technik zusammengefügt. Zum Schluss werden Hals- und Armausschnittlenden angestrickt. Über die gesamte vordere Mitte wird ein Strukturmusterstreifen mit verschiedenen Verzopfungen gearbeitet.

START

Mit Nd 3,5 mm 180/192/204/216/232/248 M im Kreuzanschlag anschl, zur Rd schließen und über 4 cm im Rippenmuster arb.

VORDER- UND RÜCKENTEIL

Zu Nd 4,5 mm wechseln und in der nächsten Rd die MM wie folgt setzen und zusätzliche M für den Strukturmusterstreifen zunehmen: MM setzen (Rd-Beginn/rechte Seite), 91/97/103/109/117/125 M im Rippenmuster str, dabei mit 1 M rechts verschränkt, 1 M links beginnen, MM setzen (linke Seite), 31/34/37/40/44/48 M im Rippenmuster str, MM setzen, (über die folgenden 27 M werden 6 M aus dem Querfaden zuge-

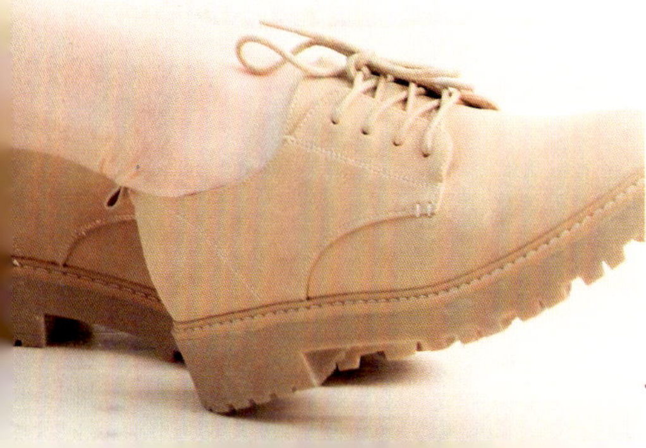

nommen = 33 M für das Strukturmuster:) 2 M links, 1 M rechts verschränkt, 1 M links, 1 M rechts verschränkt, 1 M links, 1 linke M zunehmen, 1 M rechts, 1 M links, 1 M rechts, 3 M links, * 1 linke M zunehmen, 1 M rechts verschränkt, ab * noch 2x wdh, 1 M links, 1 linke M zunehmen, 1 M rechts, 1 M links, 1 M rechts, 1 linke M zunehmen, 1 M links, 1 M rechts verschränkt, 1 M links, 1 M rechts verschränkt, 2 M links, MM setzen, 31/34/37/40/44/48 M im Rippenmuster str bis MM am Rd-Beginn (= 186/198/210/222/238/254 M).
Nun glatt rechts in Rd bzw. über die vorderen 33 M im Strukturmuster nach Strickschrift 1 arb, die 1.-12. Rd fortlaufend str. Gleichzeitig bei einer Seitenlänge von ca. 34/35/36/37/38/39 cm (gemessen inkl. Bündchen) mit den Ausformungen für die Armausschnitte beginnen.
Die folgende Vorbereitungs-Rd muss eine ungerade Rd des Strukturmusters sein (1, 3, 5 usw.)
Vorbereitungs-Rd: Bis zum MM (Strukturmuster) rechts str, über 33 M im Strukturmuster arb, bis 2/2/2/3/3/3 M vor dem MM (rechte Seite) rechts str, 4/4/4/6/6/6 M abk (MM kann entfernt werden), bis 2/2/2/3/3/3 M vor M-Markierer (linke Seite) rechts str, 4/4/4/6/6/6 M abk (MM kann entfernt werden). Es sind jetzt für das Rückenteil 87/93/99/103/111/119 M und für das Vorderteil 91/97/103/107/115/123 M auf der Nd.

VORDERTEIL

Vorder- und Rückenteil werden separat beendet. Dafür die M für das Rückenteil auf einem Hilfsfaden stilllegen und die verbleibenden 91/97/103/107/115/123 M des Vorderteils in Arbeit nehmen. Es wird in R glatt rechts bzw. über die mittleren 33 M im Strukturmuster nach Strickschrift gearbeitet. Gestartet wird mit 1 Abnahme-R: * 2 M rechts str, 2 M rechts überzogen zusammenstr, rechts str bis 4 M vor R-Ende, 2 M rechts zusammenstr, 2 M rechts, Arbeit wenden, 1 Rückr links str bzw. 1 Rückr im Strukturmuster arb, ab * noch 2x/2x/3x/3x/4x/4x wdh (= 6/6/8/8/10/10 M abgenommen = 85/91/95/99/105/113 M). Weiter glatt rechts bzw. im Strukturmuster in R arb. Bei einer Höhe des Armausschnitts von 17/18/19/20/21/22 cm (die letzte R muss eine 4. R des Strukturmusters sein) wird mit der Ausformung des Halsausschnitts begonnen. Es wird mit dem rechten Vorderteil (26/29/31/33/36/40 M) und einer Rückr wie folgt gestartet: * Bis 4 M vor MM (Strukturmuster) links str, 2 M links zusammenstr, 2 M links, Arbeit wenden (die M des Strukturmusters sowie des linken Vorderteils können auf einem Hilfsfaden stillgelegt werden), ab * noch 3x/3x/4x/4x/5x/5x wdh (= 22/25/26/28/30/34 M). Anschließend 2 R glatt rechts str. Nun die Schulterschrägung mit verkürzten R formen. Hierfür in einer Hinr bis zu den letzten 4 M rechts str, Arbeit wenden, 1 Dm arb, die R links beenden, * die nächste Hinr bis zu den letzten 3 M vor der letzten Dm rechts str, Arbeit wenden, 1 Dm arb, die R links beenden, ab * noch 2x/3x/3x/4x/4x/5x wdh, eine Hinr rechts arb, dabei die Dm immer wie eine einzelne M abstr. Faden 40 cm lang abschneiden und die M auf einem Hilfsfaden stilllegen.
Nun alle M des linken Vorderteils in Arbeit nehmen (die M des Strukturmusters (= unterer Halsausschnitt) bleiben auf dem Hilfsfaden). Mit 1 R rechts von der Armausschnittseite starten: * Bis 4 M vor R-Ende rechts str, 2 M rechts zusammenstr, 2 M rechts, 1 Rückr links, ab * noch 3x/3x/4x/4x/5x/5x wdh (= 22/25/26/28/30/34 M). Anschließend 2 R glatt rechts str. Nun die Schulterschrägung mit verkürzten R formen. Hierfür in einer Rückr. bis zu den letzten 4 M links str, Arbeit wenden, 1 Dm arb, die R rechts beenden, * die nächste Rückr bis zu den letzten 3 M vor der letzten Dm links str, Arbeit wenden, 1 Dm arb, die R rechts beenden, ab * noch 3x/3x/4x/4x/5x/6x wdh, eine Rückr links arb, dabei die Dm immer wie eine einzelne M abstr. Die M nicht abk, sondern auf der Nd belassen oder auf einem Hilfsfaden stilllegen.

RÜCKENTEIL

Die 87/93/99/103/111/119 M des Rückenteils in Arbeit nehmen. Es wird glatt rechts in R gearbeitet. Gestartet wird mit 1 Abnahme-R. * 2 M rechts str, 2 M rechts überzogen zusammenstr, rechts str bis 4 M vor R-Ende, 2 M rechts zusammenstr, 2 M rechts, Arbeit wenden, 1 Rückr links, ab * noch 2x/2x/3x/3x/4x/4x wdh (= 6/6/8/8/10/10 M abgenommen = 81/87/91/95/101/109 M). Weiter glatt rechts in R arb. In derselben Höhe wie beim Vorderteil mit der Schulterschrägung (verkürzte R) beginnen: Hierfür in einer Hinr bis zu den letzten 4 M rechts str, Arbeit wenden, 1 Dm arb, die R links str bis zu den letzten 4 M, Arbeit wenden, 1 Dm arb, die nächste Hinr * bis zu den letzten 3 M vor der letzten Dm rechts str, Arbeit wenden, 1 Dm arb, die R bis zu den letzten 3 M vor der letzten Dm links str, Arbeit wenden, 1 Dm arb, ab * noch 3x/3x/4x/4x/5x/6x wdh, die R rechts beenden, dabei die Dm immer wie eine einzelne M abstr. Eine weitere Rückr links str und wiederum alle Dm wie einzelne M abstr. Die M nicht abk, sondern auf der Nd belassen, die jeweils 22/25/26/28/30/34 äußeren M sind Schulter-M, die 41/41/43/43/45/45 mittleren M sind die Halsausschnitt-M.

SCHULTERN SCHLIESSEN

Arbeit wenden, sodass die Arbeit rechts auf rechts liegt.

Linke Schulter: Nun die rückwärtigen und vorderen Schulter-M auf 2 Nd aufnehmen und mit der Drei-Nd-Technik abk: Mit einer dritten Nd wie zum Rechtsstr jeweils in die 1. M auf beiden Nd einstechen. Beide M zusammenstr und von den Nd gleiten lassen. * Die nächsten 2 M der beiden Nd ebenso zusammenstr und von den Nd gleiten lassen. Nun die 1. M auf der rechten Nd über die 2. M ziehen und diese so abk. Ab * fortlaufend wdh, bis alle M abgekettet sind.

Rechte Schulter: Wie die linke Schulter schließen, danach die Arbeit wieder wenden.

HALSBÜNDCHEN

Mit Nd 3,5 mm die 41/41/43/43/45/45 stillgelegten M für den rückwärtigen Halsausschnitt auf die Nd aufnehmen und weitere 11/11/11/13/13/13 M entlang des linken Vorderteils auffassen, anschließend die 33 M des Strukturmusters auf die Nd nehmen und abschließend noch einmal 11/11/11/13/13/13 M aus dem rechten Vorderteil auffassen. Einen MM für den Rd-Beginn setzen. Es sind nun 88/88/90/94/96/96 M auf der Nd. Rechts str bis zum Strukturmuster, nun 8 M über das Strukturmuster wie folgt abnehmen: * 2 M links zusammenstr, 1 M rechts verschränkt, 1 M links, 1 M rechts verschränkt, ab * noch 1x wdh, 2 M links zusammenstr, ** 1 M rechts verschränkt, 2 M links zusammenstr, ab ** noch 2x wdh, 1 M rechts verschränkt, 1 M links, *** 1 M rechts verschränkt, 1 M links, 1 M rechts verschränkt, 2 M links zusammenstr, ab *** noch 1x wdh, bis zum MM am Rd-Beginn rechts str (= 80/80/82/86/88/88 M).

Nächste Rd: * 1 M links, 1 M rechts verschränkt str, ab * fortlaufend wdh.

Diese Rd über 4 cm wdh, dann die M locker abk. Anschließend das Bündchen nach innen klappen und die M mithilfe der Wollnd elastisch festnähen.

ARMAUSSCHNITTBLENDEN

Am unteren Armausschnitt starten und mit Nd 4,0 mm und 62/68/74/78/82/86 M entlang des Armausschnitts auffassen. 2 cm im Rippenmuster str und anschließend die M rechts abk.

FERTIGSTELLEN

Alle Fäden vernähen. Den Slipover waschen und den Maßen entsprechend mithilfe einer Spannmatte oder eines Handtuchs spannen.

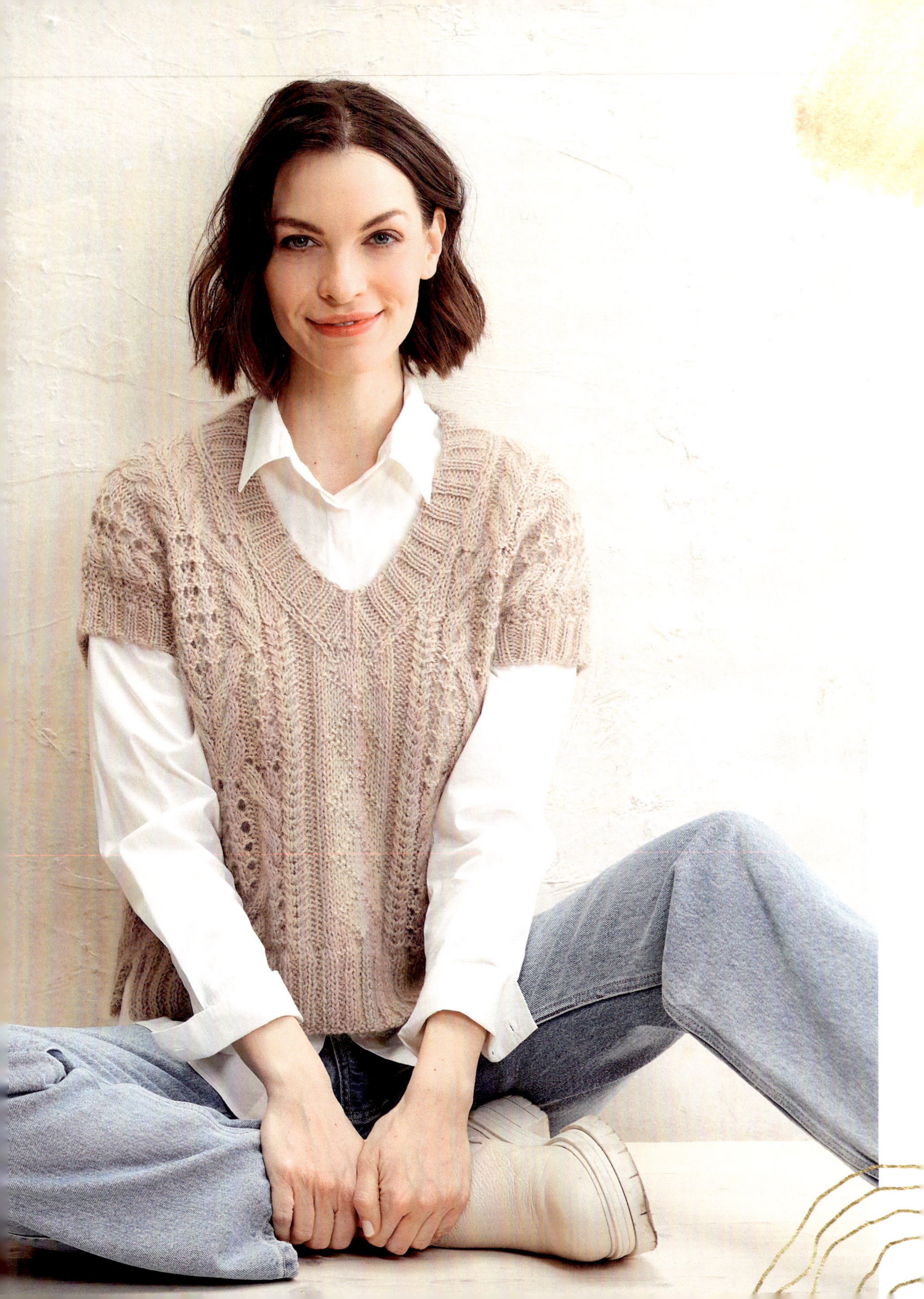

CREME

SLIPOVER IM MUSTERMIX

SCHWIERIGKEITSGRAD 3

GRÖSSEN

XS/S/M/L/XL-2XL

Brustumfang: 98/102/108/112/130 cm (inkl. 10-12 cm Mehrweite)

Gesamtlänge: 52/52/53/54/55 cm

Hinweis: Die Angaben für die einzelnen Größen stehen hintereinander, jeweils durch Schrägstriche getrennt. Steht nur eine Angabe, gilt diese für alle Größen.

MATERIAL

Lang Yarns Merino 120 (LL 120 m/50 g) in Beige Mélange (Fb 226), 270/280/320/370/420 g

Lang Yarns Mohair Luxe (LL ca. 175 m/25 g) in Sand (Fb 22), 150/180/200/220/250 g

Rundstricknadeln 4,5 mm und 5,0 mm, 60 cm lang | Hilfs- oder Zopfnadel

7 Maschenmarkierer | Wollnadel

MASCHENPROBE

Glatt rechts mit Nd 5,0 mm und doppeltem Faden (= 1 Faden Merino 120 und 1 Faden Mohair Luxe) 18 M und 21 R = 10 cm x 10 cm

2/2-RIPPENMUSTER

2 M rechts, 2 M links im Wechsel str.

STRICKSCHRIFTEN 1-4

Die M sind so gezeichnet, wie sie auf der Vorderseite erscheinen.

Strickschrift 1: Muster über 29 M in Rd. Die 1.-8. Rd fortlaufend wdh.

Strickschrift 2: Muster über 25 M in Rd/R: In Rd die 1.-48./52./52./52./52. Rd 1x str, dann die 13.-52. Rd/R fortlaufend wdh.

Strickschrift 3L und 3R: Muster über je 7 M in Rd/R. Die 1.-9. Rd/R fortlaufend wdh.

Strickschrift 4 (doppeltes Perlmuster): Den Rapport von 4 M 1x/2x/2,5x/3x/3,5x in jeder Rd/R str. Die 1.-4. Rd/R fortlaufend wdh.

GLATT RECHTS

In Hinr rechte M, in Rückr linke M str, bzw. in Rd alle M rechts str.

RANDMASCHEN

Die Rdm in Hin- und Rückr am R-Beginn wie zum Rechtsstr abheben und am R-Ende links str.

STRICKSCHRIFT 1 (IN RUNDEN)

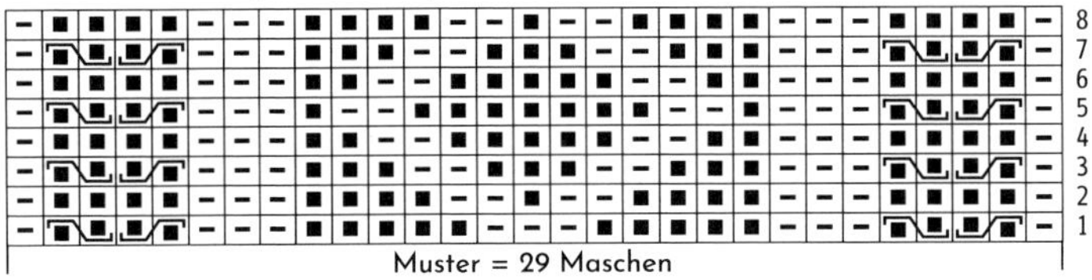

Muster = 29 Maschen

STRICKSCHRIFT 2 (IN RUNDEN UND REIHEN)

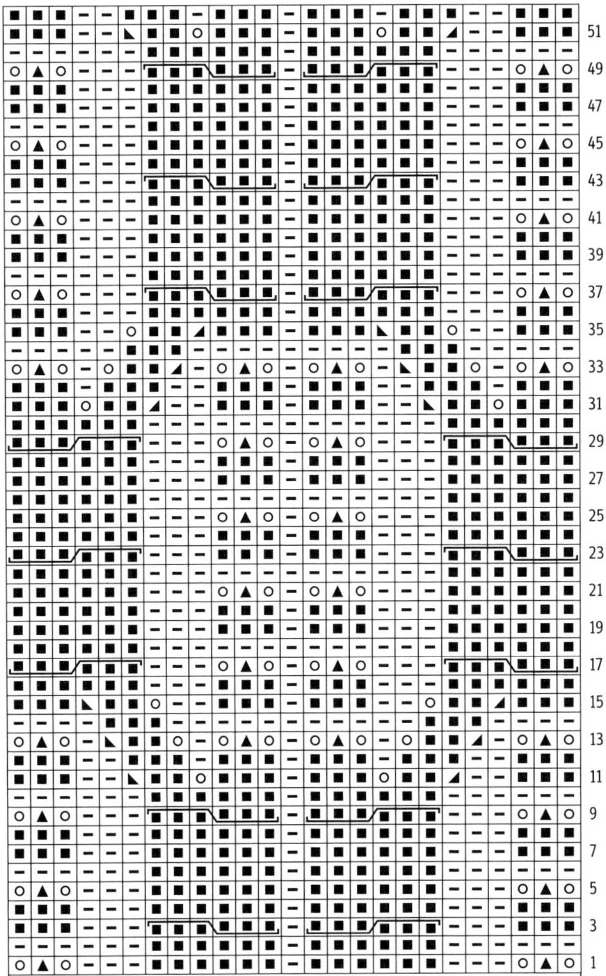

Muster = 25 Maschen

STRICKSCHRIFT 3L (IN RUNDEN UND REIHEN)

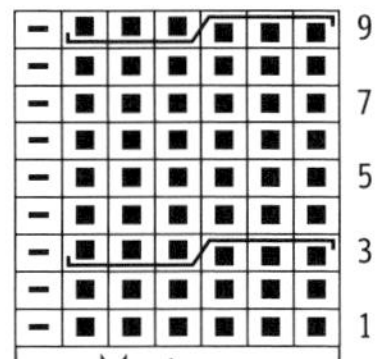

Muster = 7 Maschen

STRICKSCHRIFT 3R (IN RUNDEN UND REIHEN)

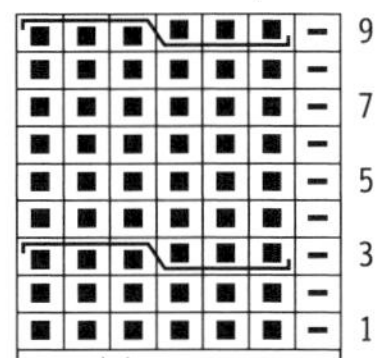

Muster = 7 Maschen

STRICKSCHRIFT 4 (IN RUNDEN UND REIHEN)

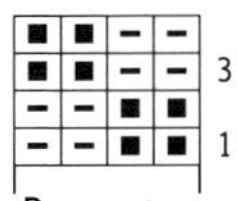

Rapport = 4 Maschen

– = In Runden und in Hinreihen 1 Masche links, in Rückreihen 1 Masche rechts

■ = In Runden und in Hinreihen 1 Masche rechts, in Rückreihen 1 Masche links

○ = 1 Umschlag

▲ = 3 Maschen rechts zusammenstricken

◣ = 2 Maschen rechts überzogen zusammenstricken: 1 Masche wie zum Rechtsstricken abheben, die nächste Masche rechts stricken und die abgehobene Masche überziehen

◢ = 2 Maschen rechts zusammenstricken

= 1 Masche auf einer Hilfsnadel hinter die Arbeit legen, 1 Masche rechts stricken, dann die Masche der Hilfsnadel rechts stricken

= 1 Masche auf einer Hilfsnadel vor die Arbeit legen, 1 Masche rechts stricken, dann die Masche der Hilfsnadel rechts stricken

= 3 Maschen auf einer Hilfsnadel hinter die Arbeit legen, 3 Maschen rechts stricken, dann die Maschen der Hilfsnadel rechts stricken

= 3 Maschen auf einer Hilfsnadel vor die Arbeit legen, 3 Maschen rechts stricken, dann die Maschen der Hilfsnadel rechts stricken

2 MASCHEN RECHTS ABGEHOBEN ZUSAMMENSTRICKEN (engl. ssk = slip, slip, knit)

Die nächsten beiden M nacheinander wie zum Rechtsstr abheben, wieder auf die linke Nd legen und rechts verschränkt zusammenstr.

HINWEIS: Der Slipover wird durchgängig mit doppeltem Faden gearbeitet.

ANLEITUNG

Der Slipover wird von unten nach oben in einem Stück gestrickt. Später wird die Arbeit geteilt und Vorder- und Rückenteil werden separat beendet.

START/BÜNDCHEN

Mit Nd 4,5 mm 100/108/112/116/120 M anschl und für das Bündchen 15 R im 2/2-Rippenmuster str. Den Faden abschneiden und das Stück beiseitelegen. Mit einem neuen Faden ein zweites, identisches Bündchen stricken.

Nun die beiden Bündchen wie folgt verbinden: 1 R des zweiten Bündchens rechts str bis 1 M vor R-Ende. Das erste Bündchen dazu nehmen und die letzte M des zweiten Bündchens mit der ersten M des ersten Bündchens rechts zusammenstr. Die restlichen M des ersten Bündchens rechts str bis 1 M vor R-Ende. die letzte M des ersten Bündchens mit der ersten M des zweiten Bündchens rechts zusammenstr. Es liegen nun 198/214/222/230/238 M auf der Nd. Einen MM setzen, um den Rd-Beginn zu kennzeichnen.

In der nächsten Rd rechte M str, dabei gleichmäßig verteilt 4 M zunehmen (= 202/218/226/234242 M). Über die erste Hälfte der M wird das Vorderteil im Musterstrick gearbeitet (siehe Mustereinteilung), über die zweite Hälfte der M wird das Rückenteil glatt rechts gestrickt.

Die M für das Vorderteil einteilen wie folgt, dabei für eine bessere Übersicht nach jedem Muster einen MM setzen.

Mustereinteilung: 4/8/10/12/14 M nach Strickschrift 4 (doppeltes Perlmuster), 7 M nach Strickschrift 3R, 25 M nach Strickschrift 2, 29 M nach Strickschrift 1, 25 M nach Strickschrift 2, 7 M nach Strickschrift 3L, 4/8/10/12/14 M nach Strickschrift 4 (doppeltes Perlmuster).

Nun das Rückenteil glatt rechts str und das Vorderteil wie eingeteilt mit den Mustern nach den Strickschriften arb. Für die Höhe an Strickschrift 2 orientieren:

Für Größe XS und S: 1x die 1.–48. Rd von Strickschrift 2 str.

Für Größe M und L: 1x die 1.–52. Rd von Strickschrift 2 str, anschließend 1x die 13.–36. Rd arb.

Für Größe XL–2XL: 1x die 1.–52. Rd von Strickschrift 2 str, anschließend 1x die 13.–44. Rd arb.

TEILUNG

Nun werden Vorder- und Rückenteil geteilt und in R separat beendet. Dabei beachten, dass alle Muster nach den Strickschriften nun in Hin- und Rückr gearbeitet werden.

Es sind je 101/109/113/117/121 M für das Vorderteil und das Rückenteil vorhanden. Die M des Rückenteils werden zunächst stillgelegt.

VORDERTEIL

Für den Ausschnitt auch das Vorderteil teilen. Dafür die M des Vorderteils wie folgt einteilen: 50/54/56/58/60 M, 1 Mittel-M, 50/54/56/58/60 M. Die Mittel-M auf einem MM stilllegen.

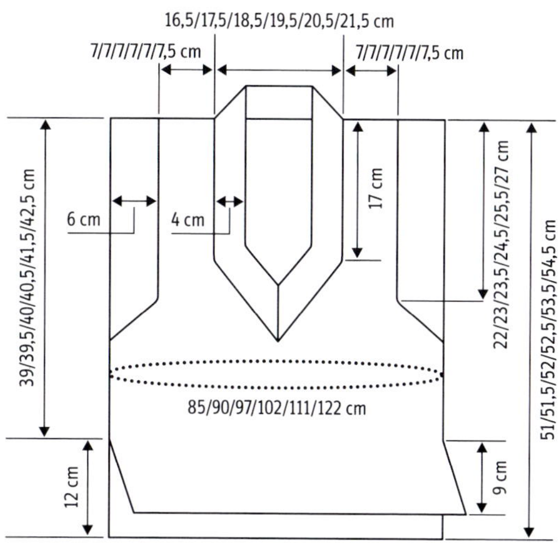

Beide Seiten des Vorderteils werden jeweils separat beendet, dabei am R-Anfang und R-Ende Rdm arb. Zwischen den Rdm weiter im eingeteilten Musterstrick nach den Strickschriften str und dabei für den V-Ausschnitt wie folgt abnehmen:

Rechtes Vorderteil

In Hinr am R-Beginn: Rdm, 1 M im Muster str, 2 M rechts zusammenstr, restliche M im Muster str.

Linkes Vorderteil

In Rückr am R-Beginn: Rdm, 1 M im Muster str, 2 M links zusammenstr, restliche M im Muster str.
Diese Abnahmen 9x in jeder 2. R, dann 7x in jeder 4. R arb.
Die Seiten des V-Ausschnitts sind jeweils 46 R hoch.
Für Größe XS und S ist das Vorderteil in dieser Höhe abgeschlossen. Die M stilllegen.
Für Größe M und L noch 5 cm im Muster str: Die 37.-43. R von Strickschrift 2 arb. Die M stilllegen.
Für Größe XL/2XL noch 7 cm im Muster str: Die R.37.-49. R von Strickschrift 2 arb. Die M stilllegen.

RÜCKENTEIL

Die M des Rückenteils wieder in Arbeit nehmen und das Rückenteil glatt rechts so hoch wie das Vorderteil str.

SCHULTERN SCHLIESSEN

Nun die rückwärtigen und vorderen Schulter-M jeweils auf 2 Nd aufnehmen, mit der Drei-Nd-Technik abk Mit einer dritten Nd wie zum Rechtsstr jeweils in die 1. M auf beiden Nd einstechen. Beide M zusammenstr und von den Nd gleiten lassen. * Die nächsten 2 M der beiden Nd ebenso zusammenstr und von den Nd gleiten lassen. Nun die 1. M auf der rechten Nd über die 2. M ziehen und diese so abk. Ab * fortlaufend wdh, bis alle M abgekettet sind.

HALSAUSSCHNITTBLENDE

Mit Nd 4,5 mm entlang des Halsausschnitts aus den Rdm 127/127/152/152/160 M auffassen und zur Rd schließen. 1 MM mittig zwischen den 2 M unten am V-Ausschnitt setzen.
1 Rd im 2/2-Rippenmuster str. Es ist wichtig, dass die 2 M unten am V-Ausschnitt rechte M sind. Nun weiter im 2/2-Rippenmuster str, dabei den V-Ausschnitt formen. Dazu in jeder Rd unten am V-Ausschnitt wie folgt abnehmen: Bis bis 2 M vor dem MM str, 2 M rechts zusammenstr, den MM auf die Nd heben, 2 M rechts abgehoben zusammenstr, dann die restlichen M der Rd str. Auf diese Weise 4 cn str und dabei abnehmen. Das Bündchen italienisch abnähen. Zuvor müssen die M vom 2/2-Rippenmuster in ein 1/1-Rippenmuster umgewandelt werden. Dazu wie folgt str: * 1 Masche rechts, 1 M auf einer Zopfnadel vor die Arbeit legen, 1 M links, die M der Zopfnadel rechts str, 1 M links, ab * fortlaufend wdh bis Rd-Ende. Nun 2 Vorbereitungs-Rd für das italienische Abnähen str. Dann die M abnähen.

ARMAUSSCHNITTBLENDEN

Mit Nd 5,0 mm entlang des Armausschnitts aus den Rdm 64/64/76/76/84 M auffassen, zur Rd schließen und 4 cm im 2/2-Rippenmuster str. Für das italienische Abnähen das 2/2-Rippenmuster wie beim Halsausschnittbündchen angegeben in ein 1/1-Rippenmuster umwandeln. Dann 2 Vorbereitungs-Rd str und die M abnähen.

FERTIGSTELLEN

Alle Fäden vernähen. Den Slipover in lauwarmem Wasser waschen und liegend trocknen lassen.

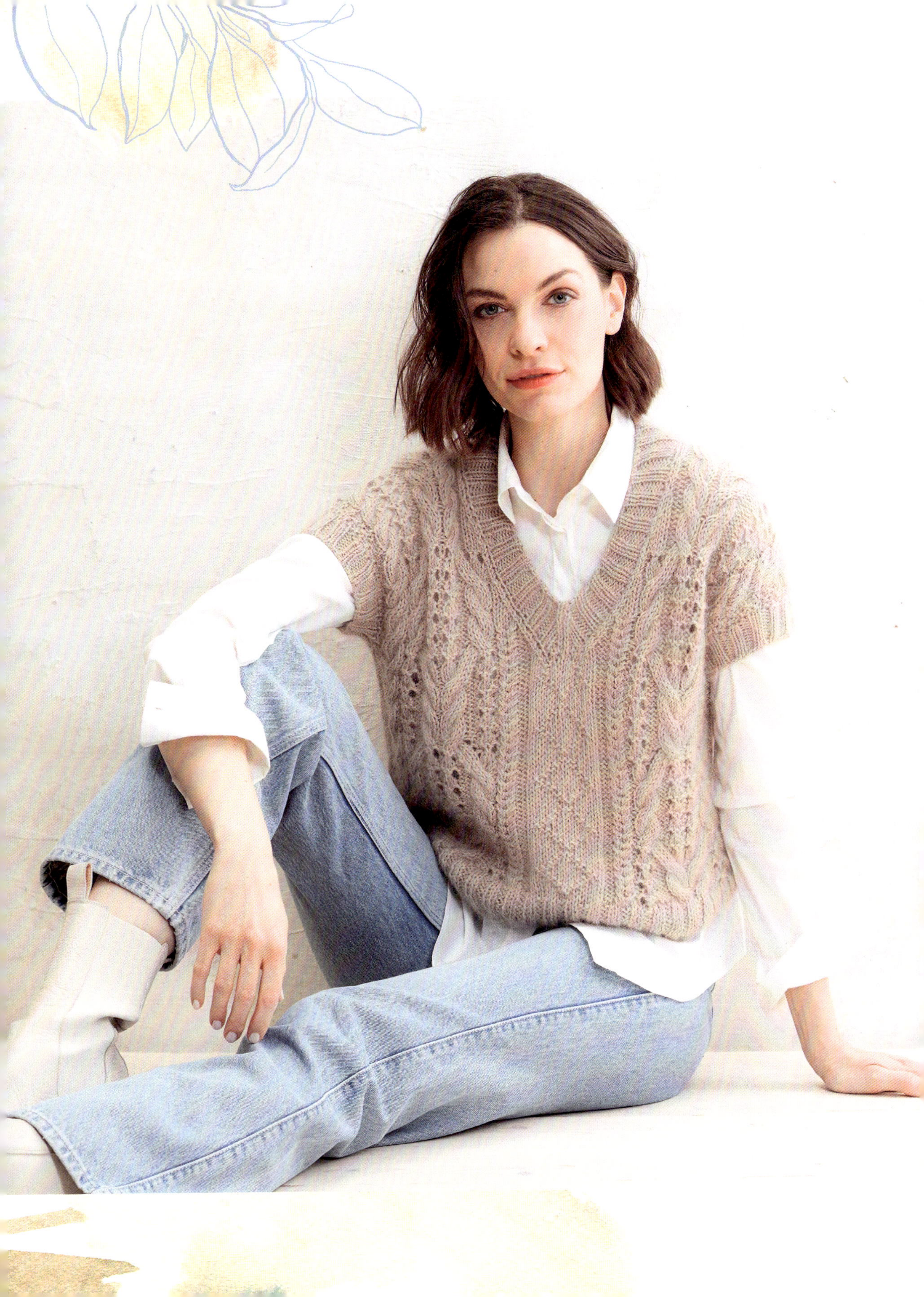

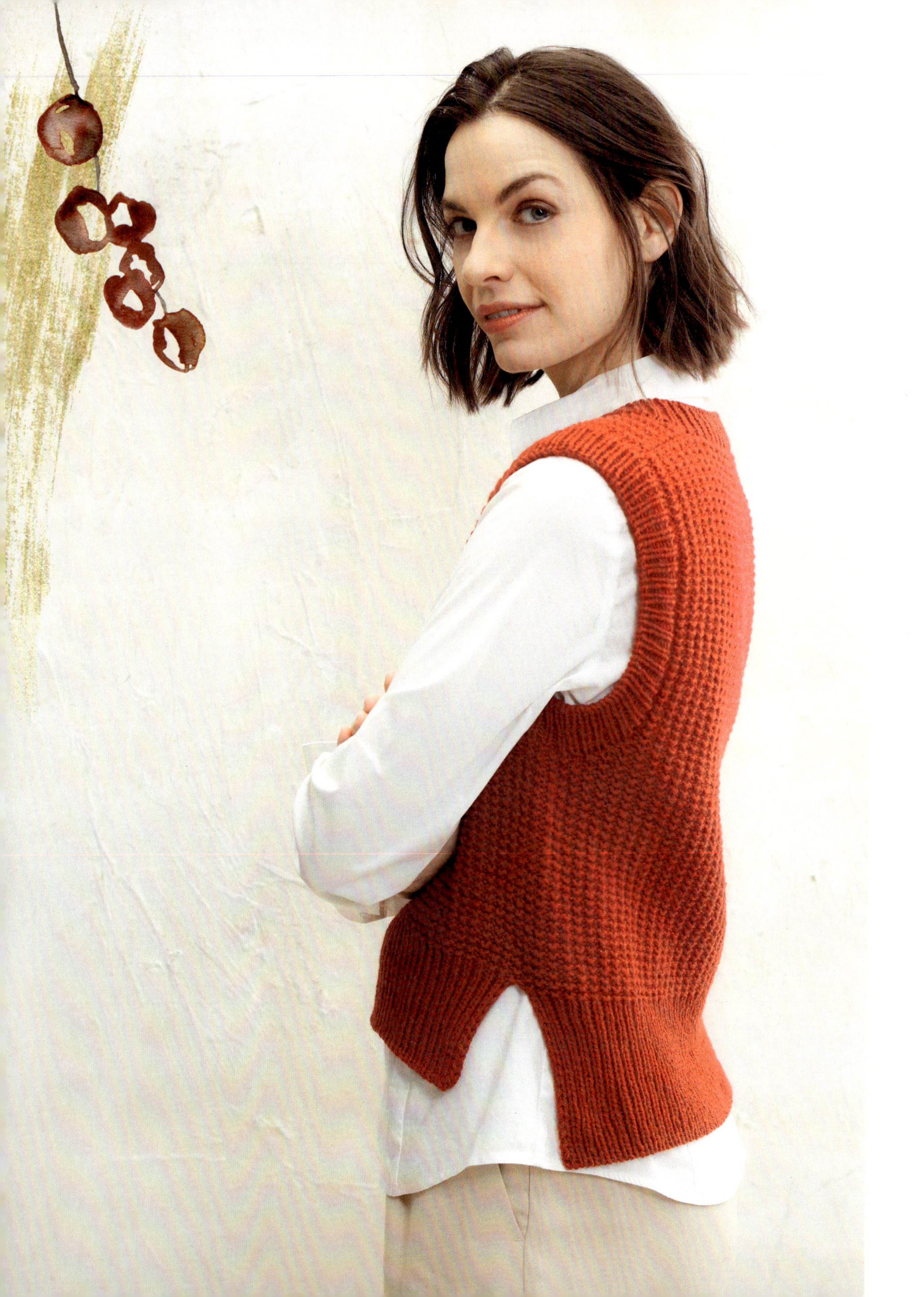

KARMESIN
SLIPOVER IM SANDMUSTER

SCHWIERIGKEITSGRAD 1

GRÖSSEN

XS/S/M/L/XL/2XL

Brustumfang (inkl. Mehrweite): 85/90/97/102/111/122 cm

(inkl. 0–7 cm Mehrweite, bei kleineren Größen geringer als bei größeren Größen)

Gesamtlänge (mittig am Rücken gemessen, ohne Halsausschnittblende): 51/51,5/52/52,5/53,5/54,5 cm

Hinweis: Die Angaben für die einzelnen Größen stehen hintereinander, jeweils durch Schrägstriche getrennt. Steht nur eine Angabe, gilt diese für alle Größen.

MATERIAL

BC Garn Semilla Melange GOTS (LL 175 m/50 g) in Kirschrot (Fb 25), 300/350/400/400/450/500 g

Rundstricknadeln 4,5 mm, 40 und 80 cm lang | Rundstricknadel 4,0 mm, 60 cm lang

Maschenmarkierer | Wollnadel

MASCHENPROBE

Im Sandmuster mit Nd 4,5 mm und doppeltem Faden 20 M und 28 R = 10 cm x 10 cm

SANDMUSTER

In Reihen

1. R (Hinr): Rdm, alle M links str bis 1 M vor R-Ende, 1 M rechts.

2. R (Rückr): Rdm, * 1 M rechts, 1 M links, ab * fortlaufend wdh, bis 2 M vor R-Ende, 2 M rechts.

Die 1.+2. R fortlaufend wdh.

In Runden

1. Rd: 1 M rechts, 1 M links im Wechsel str.

2. Rd: Alle M links str.

Die 1.+2. Rd fortlaufend wdh.

MASCHEN AUS DEM QUERFADEN ZUNEHMEN

1 linke M linksgeneigt zunehmen: Den Querfaden zwischen 2 M von vorn auf die linke Nd-Spitze nehmen und mit der rechten Nd links verschränkt str.

1 linke M rechtsgeneigt zunehmen: Den Querfaden zwischen 2 M von hinten auf die linke Nd-Spitze nehmen und mit der rechten Nd links str.

2 MASCHEN RECHTS ABGEHOBEN ZUSAMMENSTRICKEN (engl. ssk = slip, slip, knit)

Die nächsten beiden M nacheinander wie zum Rechtsstr abheben, wieder auf die linke Nd legen und rechts verschränkt zusammenstr. Die Abnahme neigt sich nach links.

3 MASCHEN MIT AUFLIEGENDER MITTELMASCHE ZUSAMMENSTRICKEN

2 M gleichzeitig wie zum Rechtsstr abheben, 1 M rechts str, dann die beiden abgehobenen M überziehen. Es wurden 2 M abgenommen.

RANDMASCHEN

Die Rdm in Hin- und Rückr am R-Beginn und am R-Ende immer rechts str.

RANDMASCHEN (Bündchen)

Im Bündchen die Rdm in Hin- und Rückr am R-Beginn wie zum Linksstr abheben, dabei den Faden vor der M weiterführen, und am R-Ende rechts str.

RIPPENMUSTER

In Reihen

In Hinr: Rdm, * 1 M rechts, 1 M links, ab * fortlaufend wdh bis 2 M vor R-Ende, 2 M rechts.
In Rückr: Rdm, * 1 M links, 1 M rechts, ab * fortlaufend wdh bis 2 M vor R-Ende, 1 M links, 1 M rechts.

In Runden

1 M links, 1 M rechts im Wechsel str.

HINWEIS: Der Slipover wird durchgängig mit doppeltem Faden gearbeitet.

ANLEITUNG

Der Slipover wird von oben nach unten in einem Stück gestrickt. Dabei werden das obere Rückenteil und das linke und rechte Vorderteil zunächst in separat in R gearbeitet. Dann werden die beiden Vorderteile verbunden. Anschließend werden Vorder- und Rückenteil verbunden und es wird in Rd weitergestrickt, bis die Arbeit für das Schlitzbündchen wieder geteilt und in R weitergearbeitet wird. Hals- und Armausschnittblenden werden direkt angestrickt.

RÜCKENTEIL

Mit Nd 4,5 mm und doppeltem Faden 61/63/65/67/69/73 M anschl. Im Sandmuster in R arb, dabei mit einer Rückr beginnen. In einer Höhe von 22/23/23,5/24,5/25,5/27 cm ab Anschlag mit den Zunahmen beginnen. Dafür in den Hinr 5x/5x/7x/7x/9x/9x wie folgt zunehmen: am R-Beginn nach der Rdm 1 linke M rechtsgeneigt zunehmen und am R-Ende vor der Rdm 1 linke M linksgeneigt zunehmen (= 71/73/79/81/87/91 M). Die M stilllegen und mit dem linken Vorderteil fortfahren.

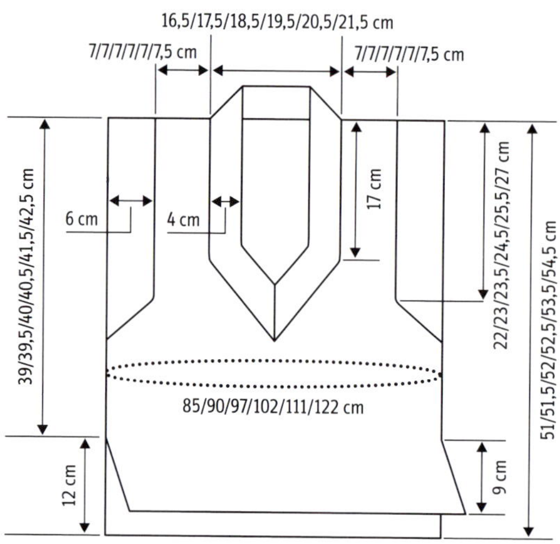

LINKES VORDERTEIL

Nun 14/14/14/14/14/15 M aus den M der Anschlagkante des Rückenteils auffassen, dabei vom Nacken Richtung Schulter mit dem kurzen Ende des Garns arb, um in einer Hinr fortzufahren. Im Sandmuster in R arb, dabei in jeder Hinr an der Seite des Halsausschnitts 3x je 1 M abnehmen (= 11/11/11/11/11/12 M). Im Sandmuster weiterarb, bis die Arbeit 17 cm ab M-Aufnahme misst. Nun werden M für die Formung des V-Ausschnittes zugenommen. Dazu in jeder Hinr 20x/22x/24x/26x/28x/30x nach der Rdm 1 linke M rechtsgeneigt zunehmen
(= 31/33/35/37/39/42 M), mit einer Rückr enden. Die M stilllegen und mit dem rechten Vorderteil fortfahren.

RECHTES VORDERTEIL

Das rechte Vorderteil gegengleich zum linken Vorderteil arb. 14/14/14/14/14/15 M aus den M der Anschlagkante des Rückens auffassen, dabei von der Schulter Richtung Nacken mit dem kurzen Ende des Garns arb, um in einer Hinr fortzufahren. Im Sandmuster in R arb, dabei in jeder Rückr an der Seite des Halsausschnitts 3x je 1 M abnehmen (= 11/11/11/11/11/12 M). Im Sandmuster ohne Abnahmen weiterstr, bis die Arbeit 17 cm ab M-Aufnahme misst. Nun wird für die Formung des V-Ausschnittes zugenommen. Dazu 20x/22x/24x/26x/28x/30x jeweils am Ende der Hinr vor der Rdm 1 linke M linksgeneigt zunehmen (= 31/33/35/37/39/42 M), mit einer Rückr enden.

VORDERTEILE VERBINDEN

In der folgenden Hinr die beiden Vorderteile miteinander verbinden: Rdm, 1 linke M rechtsgeneigt zunehmen, über die M des rechten Vorderteils im Sandmuster str, 1 M aufschlingen, über die M des linken Vorderteils im Sandmuster str bis 1 M vor R-Ende, 1 linke M linksgeneigt zunehmen, Rdm. Es sind nun 65/69/73/77/81/87 M für das Vorderteil auf der Nd.

Nun in R im Sandmuster fortfahren, dabei zum Formen der Armausschnitte in den Hinr 5x/5x/7x/7x/9x/9x wie folgt zunehmen: am R-Beginn nach der Rdm 1 linke M rechtsgeneigt und am R-Ende vor der Rdm 1 linke M linksgeneigt. Es sind nun 75/79/87/91/99/105 M auf der Nd.

VORDER- UND RÜCKENTEIL VERBINDEN

In der folgenden Hinr Vorder- und Rückenteil wie folgt verbinden: 1 M links (ehemalige Rdm), 1 linke M rechtsgeneigt zunehmen, über die M des Vorderteils im Sandmuster str bis 1 M vor R-Ende, 1 linke M linksgeneigt zunehmen, 1 M links, 10/12/12/14/16/22 M aufschlingen, 1 M links, 1 linke M rechtsgeneigt zunehmen, über die M des Rückenteils im Sandmuster str bis 1 M vor R-Ende, 1 linke M linksgeneigt zunehmen, 1 M links, 10/12/12/14/16/22 M aufschlingen, den Rd-Beginn mit einem MM kennzeichnen. Es sind nun 170/180/194/204/222/244 M auf der Nd. Ab hier im Sandmuster fortfahren (es folgt eine 1. Rd des Musters), bis die Arbeit 39/39,5/40/40,5/41,5/42,5 cm ab der Anschlagkante am oberen Rücken misst. Mit einer 2. Rd des Musters enden.

SCHLITZBÜNDCHEN

Für die Aufteilung des Schlitzbündchens den MM am Rd-Beginn um 4/4/4/4/6/6 M gegen die Strickrichtung versetzen. Zu Nd 4,0 mm wechseln und wie folgt arb: Rdm Bündchen, 2 M rechts zusammenstr, über die folgenden 76/80/88/92/104/110 M im Rippenmuster (1 M links, 1 M rechts im Wechsel) str, dann 1 M links, 2 M rechts abgehoben zusammenstr, 1 M rechts. Die restlichen M der Rd stilllegen und über die gestrickten 81/85/93/97/109/115 M im Rippenmuster in R arb, bis das Bündchen 9 cm misst. Dabei die letzten beiden R als Vorbereitungs-R für das italienische Abnähen str. Dann alle M abnähen.

Nun die stillgelegten M des Rückens (= 87/93/99/105/111/127) auf die Nd 4,0 mm heben und im Rippenmuster in R ohne Abnahmen str, bis das Bündchen 12 cm misst. Dabei die letzten beiden R als Vorbereitungs-R für das italienische Abnähen str. Dann alle M abnähen.

HALSAUSSCHNITTBLENDE

Mit Nd 4,0 mm entlang des Halsausschnitts 148/156/164/172/180/188 M auffassen, dabei am Nacken beginnen: Entlang des Nackens und der

geraden Seiten zusätzlich 1 M aus jedem Knötchen herausstr, entlang der Schrägung des V-Ausschnittes jeweils 1 M zwischen jedem 2. Knötchen herausstr sowie unten am V-Ausschnitt 1 M zwischen 2 M herausstr, diese M (markiert die Spitze des V) mit einem MM kennzeichnen. Zur Rd schließen und im Rippenmuster wie folgt str:
Nächste Rd: Im Rippenmuster bis 1 M vor die markierte M str, 3 M mit aufliegender Mittel-M zusammenstr, im Rippenmuster bis zum Rd-Ende weiterstr. Diese Rd isgesamt 10x arb, die letzten beiden Rd als Vorbereitungs-Rd für das italienische Abnähen str. Dann alle M abnähen.

ARMAUSSCHNITTBLENDEN

Mit Nd 4,0 mm entlang der Armausschnitte 102/116/125/132/145/159 M auffassen, dabei unter dem Arm beginnen: Entlang der M unterm Arm sowie an den geraden Seiten und der Schulter jeweils 1 M aus jedem Knötchen herausstr und in den beiden Bereichen der Zunahmen, die den Armausschnitt formen zusätzlich je 1 M zwischen jedem 2. Knötchen herausstr. 10 Rd im Rippenmuster str. Dabei die letzten beiden Rd als Vorbereitungs-Rd für das italienische Abnähen str. Dann alle M abnähen.

FERTIGSTELLEN

Alle Fäden vernähen. Den Slipover waschen und für eine optimale Passform spannen.

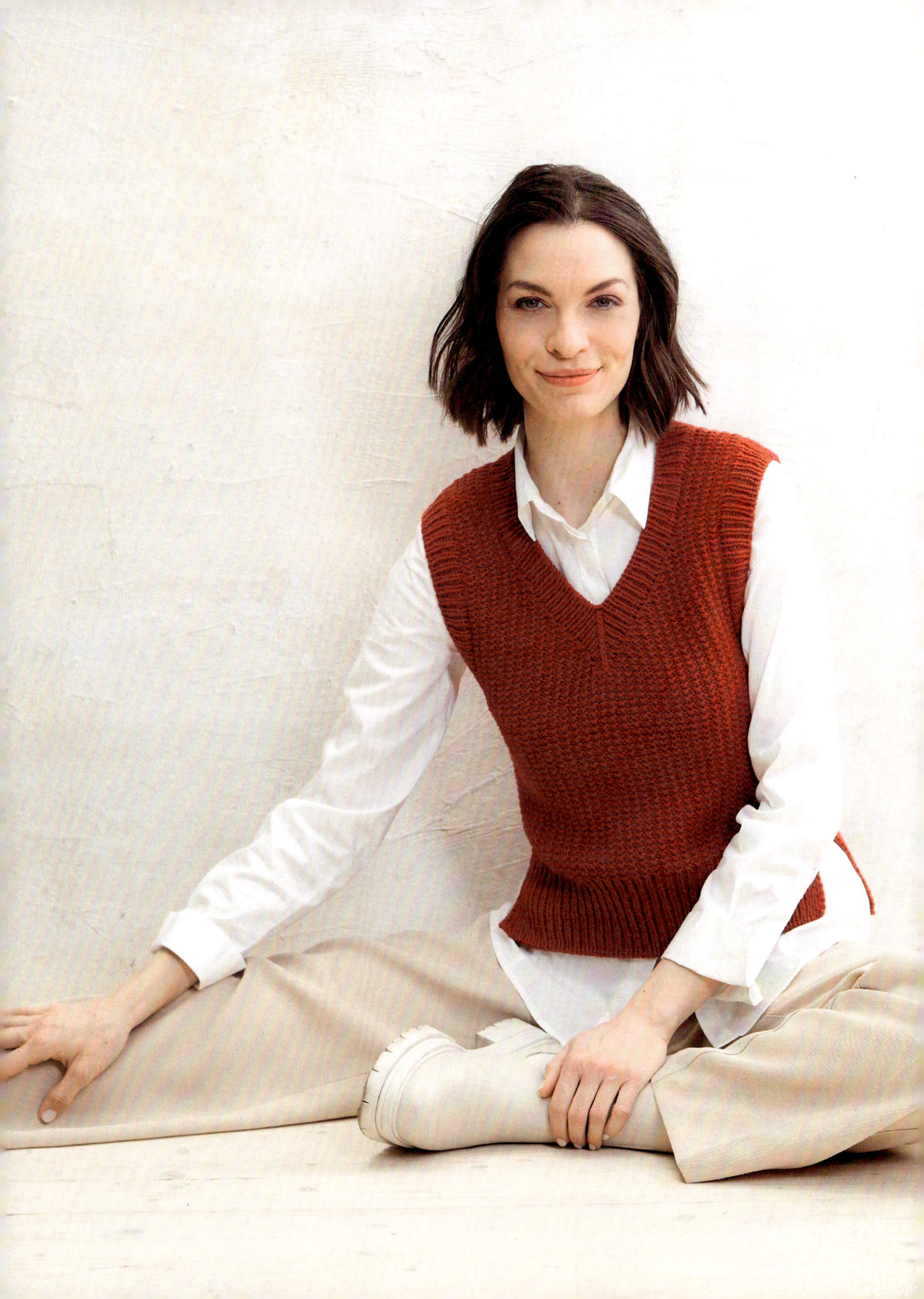

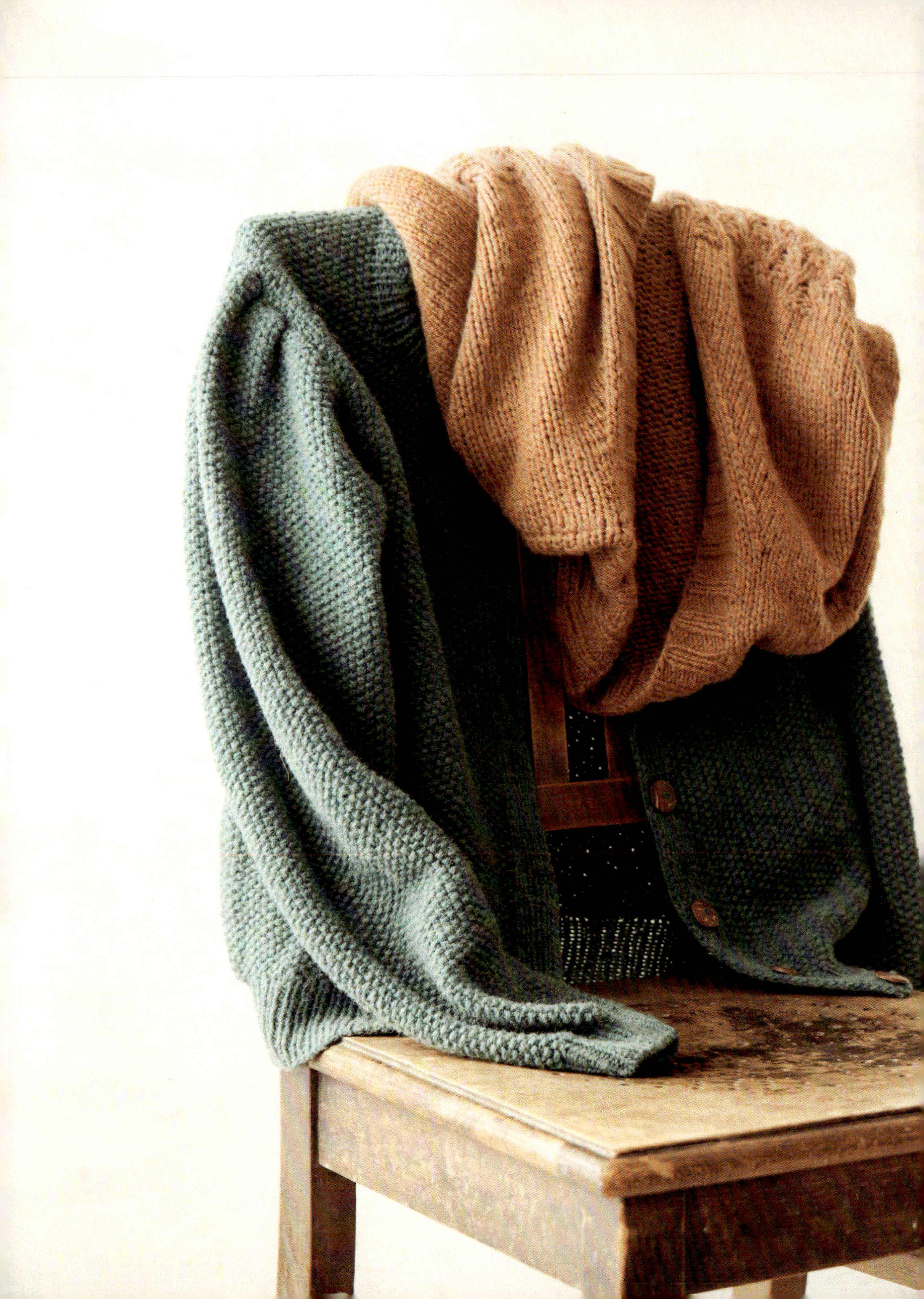

JACKEN & CARDIGANS

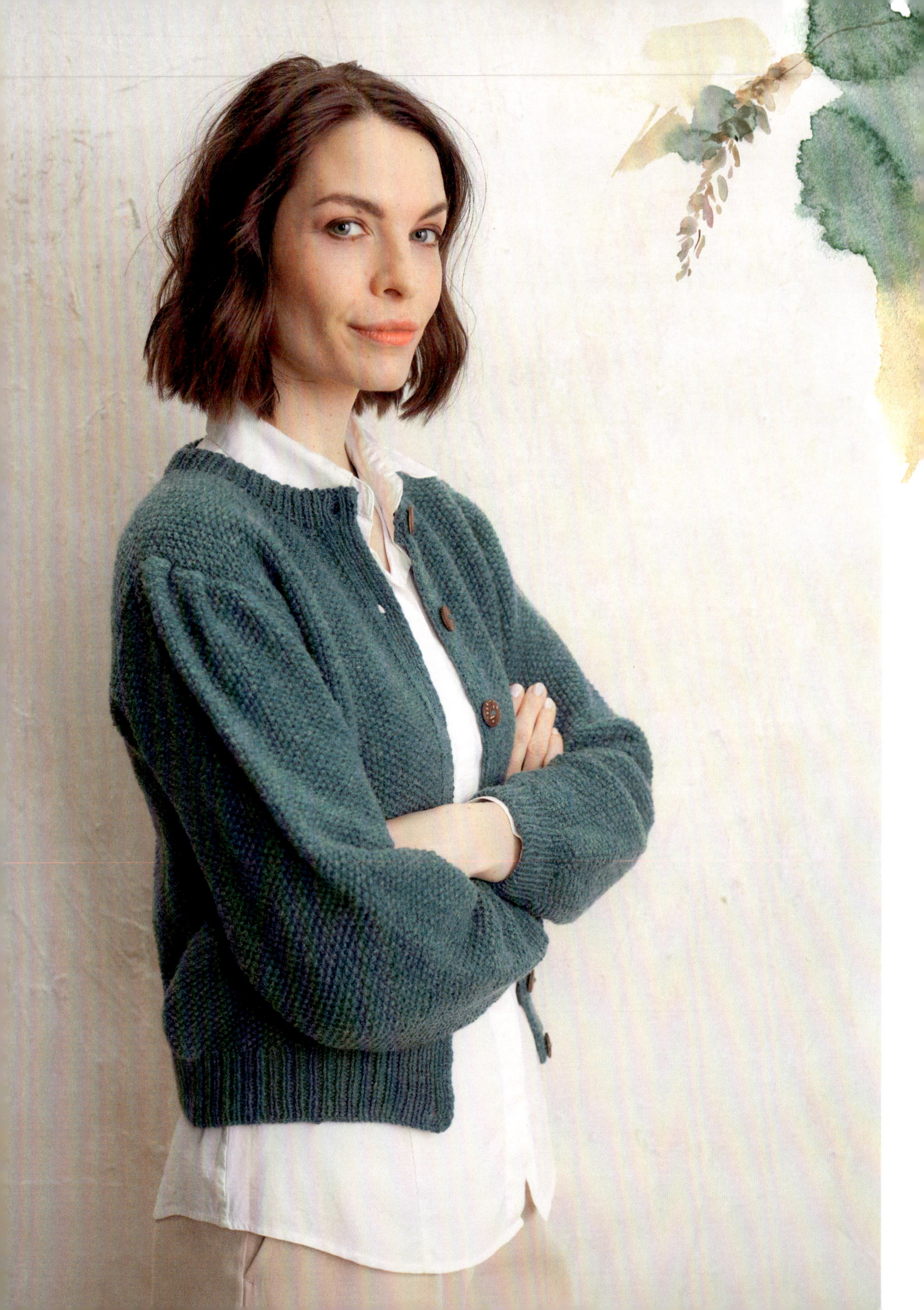

SCHILF
JANKER IM PERLMUSTER

SCHWIERIGKEITSGRAD 2

GRÖSSEN

XS/S/M/L/XL/2XL

Brustumfang: 90/95/100/105/113/123 cm (inkl. ca. 6–10 cm Mehrweite)

Gesamtlänge (mittig am Rücken gemessen, ohne Halsausschnittblende): 48/49/51/53/56/59 cm

Hinweis: Die Angaben für die einzelnen Größen stehen hintereinander, jeweils durch Schrägstriche getrennt. Steht nur eine Angabe, gilt diese für alle Größen.

MATERIAL

BC Garn Bio Shetland GOTS (LL 280 m/50 g) in Schilfgrün (Fb 12), 500/550/600/650/700/800 g

Rundstricknadel 4,0 mm, mind. 60 cm lang | Nadelspiel 3,5 mm | Rundstricknadel 3,5 mm, 40 cm lang

6–7 Knöpfe, ø 15 mm | evtl. dünnes Elastikband (für das Halsbündchen) | Maschenmarkierer

Wollnadel

MASCHENPROBE

Im Perlmuster mit Nd 4,0 mm und doppeltem Faden 21 M und 38 R = 10 cm x 10 cm

Im Rippenmuster mit Nd 3,5 mm und doppeltem Faden 24 M und 38 R = 10 cm x 10 cm

PERLMUSTER

In Reihen

1. R (Hinr): Rdm, * 1 M links, 1 M rechts, ab * fortlaufend wdh bis 2 M vor R-Ende, 1 M links, Rdm.

2. R (Rückr): Rdm, Alle M, die rechts erscheinen, links str, und alle M, die links erscheinen, rechts str.

Die 1.+2. R wdh.

In Runden

1. Rd: 1 M rechts, 1 M links im Wechsel str,

2. Rd: 1 M links, 1 M rechts im Wechsel str.

Die 1.+2. Rd fortlaufend wdh.

RIPPENMUSTER

In Reihen

In Hinr: 1 M rechts, 1 M links im Wechsel str.

In Rückr: Alle M str, wie sie erscheinen.

In Runden

1 M links, 1 M rechts im Wechsel str.

MASCHEN AUS DEM QUERFADEN ZUNEHMEN

1 rechte M rechtsgeneigt zunehmen: Den Querfaden zwischen 2 M von hinten auf die linke Nd-Spitze nehmen und mit der rechten Nd rechts str.
1 rechte M linksgeneigt zunehmen: Den Querfaden zwischen 2 M von vorn auf die linke Nd-Spitze nehmen und mit der rechten Nd rechts verschränkt str.
1 linke M linksgeneigt zunehmen: Den Querfaden zwischen 2 M von vorn auf die linke Nd-Spitze nehmen und mit der rechten Nd links verschränkt str.
1 linke M rechtsgeneigt zunehmen: Den Querfaden zwischen 2 M von hinten auf die linke Nd-Spitze nehmen und mit der rechten Nd links str.

MASCHEN ABNEHMEN

2 M rechts zusammenstr, auf die linke Nd zurücklegen, dann die folgende M der linken Nd über die zusammengestrickte M ziehen. Es wurden 2 M abgenommen.

VERKÜRZTE REIHEN

Nicht bis zum R-Ende stricken, sondern vorher wenden und zurückstricken, die restlichen M der R werden nicht gestrickt. Bei jedem Wenden als Wende-M eine Dm arbeiten.

1 Dm arb: Dafür die Nd in die nächste M wie zum Linksstr einstechen, Faden von vorne nach hinten über die Arbeit ziehen, die entstandene Dm hierbei auf die rechte Nd gleiten lassen. Die Dm immer wie eine einzelne M abstricken.

RANDMASCHEN

Die Rdm in Hin- und Rückr am R-Beginn und am R-Ende immer rechts str.

RANDMASCHEN (Bündchen)

Beim Bündchen die Rdm in Hin- und Rückr am R-Beginn wie zum Linksstr abheben, dabei den Faden vor der M weiterführen, und am R-Ende rechts str.

HINWEIS: Der Janker wird durchgängig mit doppeltem Faden gearbeitet.

ANLEITUNG

Der Janker wird von oben nach unten in einem Stück gestrickt. Dabei werden das obere Rückenteil und das linke und rechte Vorderteil zunächst in R gearbeitet, die Blenden werden mitgestrickt. Dann werden Vorderteile und Rückenteil verbunden, Halsausschnittblende und Ärmel werden angestrickt.

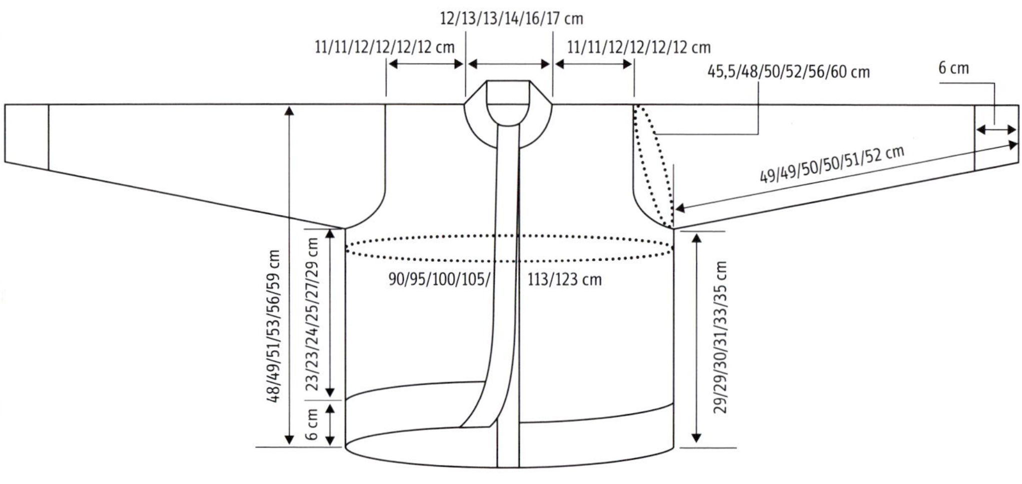

RÜCKENTEIL

Mit Nd 4,0 mm und doppeltem Faden 73/75/77/79/83/87 M anschl und zwischen den Rdm 17/18/18,5/19,5/20 cm im Perlmuster in R str. Bis hier ist das Strickstück auf beiden Seiten gleich, die nächste R wird jetzt als Hinr definiert. Es werden nun die Armausschnitte geformt, dazu wird in jeder Hinr zugenommen.

1. R (Hinr): 1 M rechts, 1 rechte M linksgeneigt zunehmen, im Perlmuster bis 1 M vor R-Ende str, 1 rechte M rechtsgeneigt zunehmen, 1 M rechts.

2. R (Rückr): Im Perlmuster str.

3. R (Hinr): 1 M rechts, 1 linke M linksgeneigt zunehmen, im Perlmuster bis 1 M vor R-Ende str, 1 linke M rechtsgeneigt zunehmen, 1 M rechts.

4. R (Rückr): Im Perlmuster str.

Die 1.-4. R 1x/1x/2x/2x/2x/3x Mal wdh (= 81/83/89/91/95/103 M).

HINWEIS: In der nächsten Hinr (beim Verbinden mit den Vorderteilen) folgt auf die Rdm 1 linke M.

Die M stilllegen und das Garn trennen.

RECHTES VORDERTEIL

Mit Nd 4,0 mm 24/24/25/25/25/26 M aus den M der Anschlagkante des Rückenteils auffassen. Die Aufnahmerichtung ist von der rechten Seite außen (Schulter) zum Hals hin. Für die Formung des Halsausschnitts werden Abnahmen und verkürzte R gearbeitet, die Dm sind nicht angegeben. Die 1. R ist eine Rückr.

1. R (Rückr): 2 M rechts zusammenstr, 5 M im Perlmuster str (die erste und die letzte dieser M sind rechte M), Arbeit wenden.

2. R (Hinr): Im Perlmuster bis R-Ende str.

3. R (Rückr): 2 M zusammenstr, 7 M im Perlmuster str (die letzte M ist eine linke M), wenden.

4. R (Hinr): Im Perlmuster bis R-Ende str.

5. R (Rückr): 2 M zusammenstr, 9 M im Perlmuster str (die letzte M ist eine rechte M), wenden.

6. R (Hinr): Im Perlmuster bis R-Ende str.

Die nächste R ist eine Rückr. Es sind nun noch 21/21/22/22/22/23 M auf der Nd.

Nun verkürzte R ohne Abnahmen wie folgt arb, die Dm sind nicht angegeben:

* Im Perlmuster bis 2 M nach der letzten Wendung str, wenden, im Perlmuster bis R-Ende str, ab * 3x wdh. Bei der letzten Wendung sind noch 3/3/4/4/4/5 M auf der linken Nd.

Dann 12 R im Perlmuster arb. Die nächste R ist eine Rückr.

Nun entlang des Halsausschnitts wie folgt M zunehmen:

1. R (Rückr): 1 M rechts, 1 linke M linksgeneigt zunehmen, bis R-Ende im Perlmuster str.

2. R (Hinr): Im Perlmuster str.

3. R (Rückr): 1 M rechts, 1 rechte M linksgeneigt zunehmen, bis R-Ende im Perlmuster str.

4. R (Hinr): Im Perlmuster str.

Die 1.-4. R 4x/4x/4x/4x/5x/5x wdh und am Ende der Verlängerung der letzten Hinr 12/14/14/16/16/18 M aufschlingen. In der folgenden Rückr werden 8 M davon im Rippenmuster gearbeitet, um die Blende zu formen, und 4/6/6/8/8/10 M ins Perlmuster integriert. Für die 8 M im Rippenmuster zu Nd 3,5 mm wechseln oder zu der Stärke, die die M-Probe ergeben hat. Die R-Anzahl im Perlmuster und im Rippenmuster muss in der Höhe identisch sein. Wie folgt arb: 1 M wie zum Linksstr abheben, 1 M links, 1 M rechts im Wechsel über 4 M wdh, 1 M links, dann im Perlmuster mit Nd 4,0 mm weiterstr, dabei die zugenommenen M ins Perlmuster einfügen. In der Rückr die letzte M der Blende als rechte M str, damit ein Kettrand entsteht.

Nun in R im Perl-/Rippenmuster fortfahren.

Nach 6 cm wird in die Blende das erste Knopfloch gearbeitet. Dazu in der nächsten Hinr wie folgt str: 3 M im Rippenmuster, 1 U, 2 M rechts zusammenstr, 3 M im Rippenmuster. Den U in der Rückr ins Muster aufnehmen und als rechte M str. Ab hier alle 7 cm ein Knopfloch in die Blende einarb.

In R im Perl-/Rippenmuster fortfahren, bis die Arbeit ab M-Aufnahme an der Schulter 19/19,5/19,5/20/21/21,5 cm misst, mit einer Hinr enden.

Für die Formung des Armausschnitts wird nun in jeder Rückr wie folgt zugenommen:

1. R (Rückr): Im Perl-/Rippenmuster bis 1 M vor R-Ende, str 1 linke M rechtsgeneigt zunehmen, 1 M rechts.

2. R (Hinr): Im Rippen-/Perlmuster str.
3. R (Rückr): Im Perl-/Rippenmuster bis 1 M vor R-Ende 1 rechte M rechtsgeneigt zunehmen, 1 M rechts.
4. R (Hinr): Im Rippen-/Perlmuster str.
Die 1.-4. R 1x/1x/2x/2x/2x/3x wdh. Es liegen nun 47/49/52/54/56/61 M auf der Nd. Das Garn trennen und mit dem linken Vorderteil fortfahren.

LINKES VORDERTEIL

Mit Nd 4,0 mm 24/24/25/25/25/26 M aus den M der Anschlagkante des Rückenteils auffassen. Die Aufnahmerichtung ist vom Hals zur linken äußeren Seite (Schulter) hin. Die M mit dem kurzen Ende des Garns herausstr, sodass die 1. R danach mit dem langen Garnende als Hinr gestrickt wird. Für die Formung des Halsausschnitts werden Abnahmen und verkürzte R gearbeitet, die Dm sind nicht angegeben. (Dabei wird gegengleich zum rechten Vorderteil gearbeitet.)
1. R (Hinr): 2 M rechts zusammenstr, 5 M im Perlmuster str (die erste und letzte M sind linke M), Arbeit wenden.
2. R (Rückr): Im Perlmuster bis R-Ende str.
3. R (Hinr): 2 M zusammenstr, 7 M im Perlmuster str (die letzte M ist eine rechte M), wenden.
4. R (Rückr): Im Perlmuster bis R-Ende str.
5. R (Hinr): 2 M zusammenstr, 9 M im Perlmuster (die letzte M ist eine linke M) str, wenden.
6. R (Rückr): Im Perlmuster bis R-Ende str.
Die nächste R ist eine Hinr. Es sind nun noch 21/21/22/22/22/23 M auf der Nd.
Dann verkürzte R ohne Abnahmen wie folgt arb, die Dm sind nicht angegeben:
* Im Perlmuster bis 2 M nach der letzten Wendung str, wenden, im Perlmuster bis R-Ende str, ab * 3x* wdh. Bei der letzten Wendung sind noch 3/3/4/4/4/5 M auf der linken Nd.
Dann 12 R im Perlmuster arb. Die nächste R ist eine Rückr.
Nun entlang des Halsausschnitts wie folgt M zunehmen:
1. R (Hinr): 1 M rechts, 1 rechte M linksgeneigt zunehmen, bis R-Ende im Perlmuster str.
2. R (Rückr): Im Perlmuster str.
3. R (Hinr): 1 M rechts, 1 linke M linksgeneigt zunehmen, bis R-Ende im Perlmuster str.
4. R (Rückr): Im Perlmuster str.
Die 1.-4. R 4x/4x/4x/4x/5x/5x wdh und am Ende der Verlängerung der letzten Rückr 12/14/14/16/16/18 M aufschlingen. In der folgenden Hinr werden 8 M davon im Rippenmuster gearbeitet, um die Blende zu formen, und 4/6/6/8/8/10 M ins Perlmuster integriert. Für die 8 M im Rippenmuster zur gleichen Nd wie bei der rechten Blende wechseln. Wie folgt arb: 1 M wie zum Linksstr abheben, 1 M rechts, 1 M links im Wechsel über 4 M wdh, 1 M rechts, dann im Perlmuster auf Nd 4,0 mm weiterstr, dabei die zugenommenen M ins Perlmuster einfügen. In der Rückr die letzte M der Blende als rechte M str, damit ein Kettrand entsteht. An die linke Blende werden später die Knöpfe angenäht.
Nun in R im Rippen-/Perlmuster fortfahren, bis die Arbeit ab M-Aufnahme an der Schulter 19/19,5/19,5/20/21/21,5 cm misst. Mit einer Rückr enden.
Für die Formung des Armausschnitts wird nun in jeder Hinr wie folgt zugenommen:
1. R (Hinr): Im Perl-/Rippenmuster bis 1 M vor R-Ende, str 1 rechts M linksgeneigt zunehmen, 1 M rechts.
2. R (Rückr): Im Rippen-/Perlmuster str.
3. R (Hinr): Im Perl-/Rippenmuster bis 1 M vor R-Ende 1 linke M linksgeneigt zunehmen, 1 M rechts.
4. R (Rückr): Im Rippen-/Perlmuster str.
Die 1.-4. R 1x/1x/2x/2x/2x/3x wdh. Es liegen nun 47/49/52/54/56/61 M auf der Nd.
Nun mit dem Rumpf fortfahren.

VORDERTEILE UND RÜCKENTEIL VERBINDEN

Nun die beiden Vorderteile mit dem Rückenteil zum Rumpf verbinden. Dazu über die M des linken Vorderteils im Rippen-/Perlmuster str, 11/13/13/15/19/21 M aufschlingen, über die M des Rückenteils im Perlmuster str, 11/13/13/15/19/21 M aufschlingen, über die M des rechten Vorderteils im Perl-/Rippenmuster str (= 197/207/219/229/245/267 M).

Nun in R im Perl-/Rippenmuster fortfahren, bis die Arbeit 23/23/24/25/27/29 cm ab der Anschlagkante unter dem Arm misst. Dabei alle 7 cm Knopflöcher in die rechte Blende einarb. Zur Nd 3,5 mm wechseln und in der nächsten R wie folgt gleichmäßig verteilt 26/28/30/28/34/36 M abnehmen:
Über die M der Blende im Rippenmuster str, 5/3/2/1/1/5 M im Perlmuster str, * 1 Abnahme (wie oben angegeben), 11/11/11/13/11/11 M im Perlmuster str, ab * 11x/12x/13x/12x/15X16X wdh, 1 Abnahme, 5/3/2/1/1/5 M im Perlmuster str, über M der Blende im Rippenmuster str (= 171/179/189/201/211/231 M). Anschließend 6 cm im Rippenmuster str, dabei geben die beiden Blenden die Reihenfolge der M vor. Dann alle M italienisch abnähen.

ÄRMEL (2x)

Mit Nd 4,0 mm mittig unterm Arm beginnend aus den Armausschnitte M auffassen: aus jedem Knötchen entlang der Vorderseite 29/31/33/35/39/43 M und entlang der Rückseite 34/36/38/40/44/48 M. Beim rechten Ärmel wird zuerst über die Rückseite und beim linken Ärmel zuerst über die Vorderseite aufgenommen. In der Verlängerung 45 M aufschlingen. Diese M sind nicht mit dem Körperteil verbunden, sie werden später in

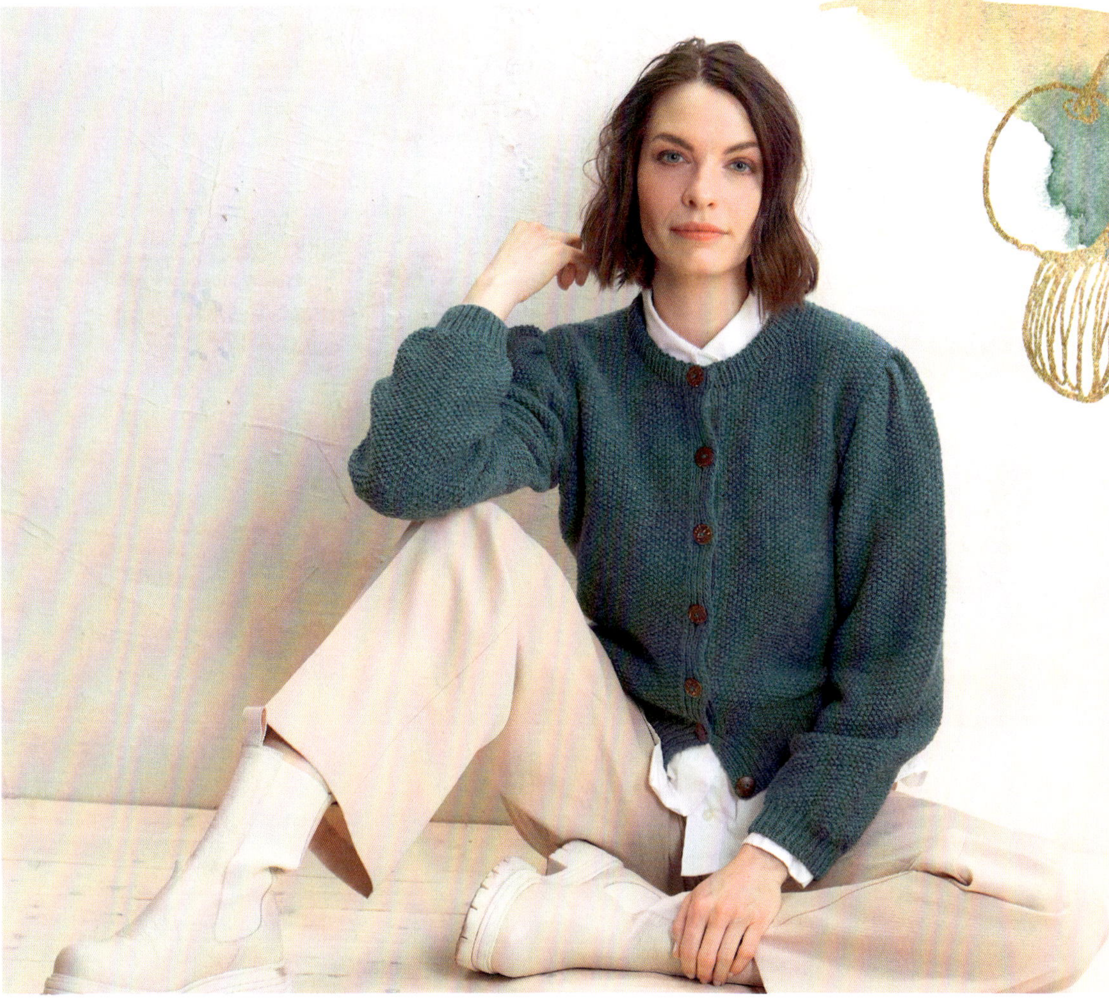

Falten eingenäht. Nun je nach Ärmel die Knötchen der noch aufzunehmenden M über die Vorder-/Rückseite abzählen und die entsprechende Anzahl in jedes M-Knötchen aufnehmen, sodass sich die Rd bei der ersten aufgenommenen M unter dem Arm schließt. Einen MM setzen, um den Rd-Beginn zu kennzeichnen und einen weiteren nach genau der Hälfte der M um die Schulterspitze zu markieren. Es sind nun nun insgesamt 108/112/116/120/128/136 M auf der Nd.
1 Rd im Perlmuster str, dabei mit 1 M rechts beginnen. Ab der folgenden Rd werden verkürzte R gestrickt, die Dm sind nicht angegeben. Dazu im Perlmuster bis 3 M nach dem MM an der Schulterspitze str, wenden und im Perlmuster bis 3 M nach dem MM str. Achtung: Hier wird nun in R, nicht in Rd gearbeitet – die M-Folge entsprechend ins Muster einfügen. Nun jeweils 3 M über die letzte Wendung hinaus str, bis auf jeder Seite insgesamt 10x gewendet wurde. Nach der letzten Wendung bis zum Rd-Beginn str. In der folgenden Rd wie folgt gleichmäßig verteilt abnehmen: 8/10/2/4/8/2 M im Perlmuster str, * 1 Abnahme, 7/7/9/9/7/7 M im Perlmuster, ab * 8x/8x/8x/8x/10x/12x wdh, 1 Abnahme, 7/9/3/5/7/1 M im Perlmuster str (= 88/92/96/100/104/108 M). In Rd fortfahren, bis die Arbeit 7 cm ab Aufnahmekante unter dem Am misst. In der folgenden Rd über die ersten 3 und ab 4 M vor Rd-Ende jeweils 1 Abnahme arb. Dabei darauf achten, dass die Abnahme in einer Rd erfolgt, in der die 1. M rechts gestrickt wird. Diese Abnahmen (pro Rd 4 M) alle 7 cm insgesamt 6x arb (= 64/68/72/76/80/84 M . Nach der letzten Abnahme noch 7/7/8/8/9/10 cm im Perlmuster str. Der Arm misst nun ca. 49/49/50/50/51/52 cm ab M-Aufnahme unter dem Arm.
Nun werden erneut Abnahmen gearbeitet. Dafür zur Rundstricknd oder einem Ndspiel 3,5 mm wechseln und gleichmäßig verteilt 8/10/10/12/14/14 Abnahmen arb (= 48/48/52/52/52/56 M auf der Nd). Nun noch 6 cm im Rippenmuster in Rd str. Dann alle M italienisch abnähen.
Den zweiten Ärmel ebenso arb, beim Auffassen der M aus dem im Armausschnitt darauf achten, an welchem Ärmel gearbeitet wird, um die richtige M-Zahl über Vorder- und Rückseite herauszustr.
Die Ärmelspitze an der Schulter annähen. Dazu die M auf die passende Weite der Schulter raffen und die Raffung vor dem Einnähen fixieren. Die zusätzlichen M sind so angegeben, dass ca. zwei bis drei Falten entstehen. Dann die geraffte Ärmelspitze mit dem Matratzenstich in die Schulter einnähen. Den Vorgang für den zweiten Ärmel wdh.

HALSAUSSCHNITTBLENDE

Mit Nd 3,5 mm entlang des Halsausschnitts und der oberen Knopfloch- bzw. Knopfblende 91/93/95/97/105/109 M auffassen: 1 M aus jeder Blenden-M, sodass diese nahtlos weitergeführt wird, und um den Halsausschnitt jeweils 3 M auf 4 M. Über diese M 3 R im Rippenmuster str und dann in die rechte Blende ein weiteres Knopfloch arb. Insgesamt 8 R im Rippenmuster str, dann 1 R rechte M arb, diese erscheinen auf der rechten Seite links). Nun noch 6 R im Rippenmuster str, dabei darauf achten auch hier das Knopfloch auf der richtigen Höhe einzuarb, und in der 7. R die M abk. Die Blende nach innen falten und die Abkettkante an der Innenseite festnähen. Darauf achten, dass die Blende während des Annähens gerade liegt.

TIPP: Damit die Halsausschnittblende auch beim Tragen ihre Form behält, kann sie stabilisiert werden, indem durch den entstandenen Tunnel zwei- vielmal ein dünnes Elastikband gezogen wird. Dazu das Band mit einer Sicherheits-Nd durch den Tunnel führen und rechts und links an den oberen Ecken der Blende auf beiden Seiten befestigen. Das Band sollte festgezogen werden, sodass die Blende eng und formschön sitzt.

FERTIGSTELLEN

Alle Fäden vernähen, die Tunnel mit unsichtbaren Stichen schließen und die Knöpfe an die linke Blende annähen. Die Jacke waschen und spannen für eine optimale Passform.

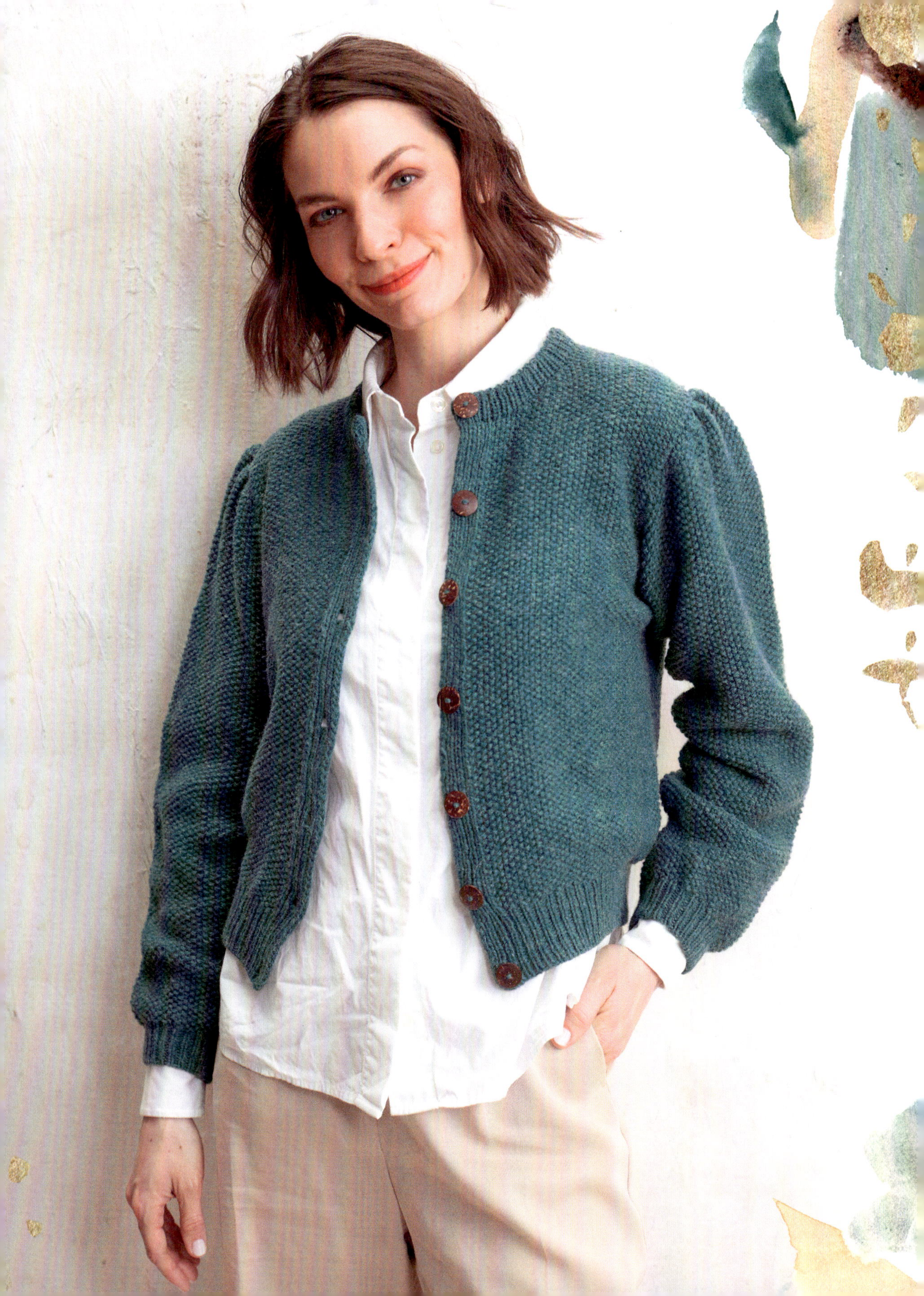

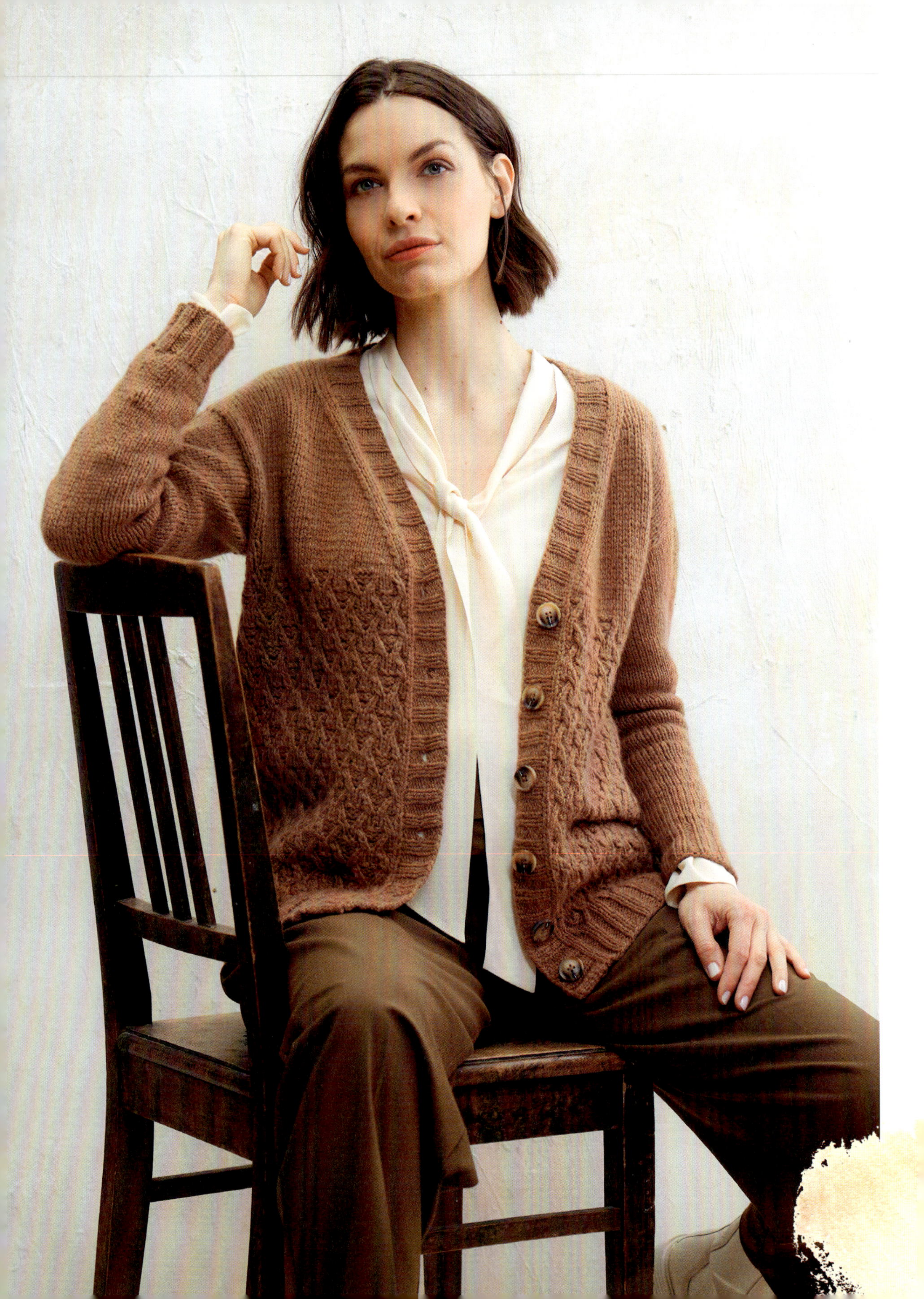

NOUGAT

CARDIGAN IM STRUKTURMUSTER

SCHWIERIGKEITSGRAD 2

GRÖSSEN

XS/S/M/L/XL/2XL

Brustumfang: 106/111,5/117/123/128,5/140 cm

Gesamtlänge: 63/64,5/70,5/72/77,5/77,5 cm

Hinweis: Die Angaben für die einzelnen Größen stehen hintereinander, jeweils durch Schrägstriche getrennt. Steht nur eine Angabe, gilt diese für alle Größen.

MATERIAL

Lana Grossa Alta Moda Cashmere 16 (LL 110 m/50 g) in Hellbraun (Fb 48), 500/550/600/700/750/800 g

Rundstricknadeln 6,0 mm und 5,0 mm, mind. 80 cm lang

evtl. Nadelspiele 6,0 mm und 5,0 mm (für Ärmel und Ärmelbündchen)

Hilfs- oder Zopfnadel | 2 Maschenmarkierer

6/6/6/7/7/7 Knöpfe (Durchmesser ca 1-1,5 cm) | Wollnadel

MASCHENPROBE

Glatt rechts mit Nd 6,0 mm 14 M und 24 R = 10 cm x 10 cm (gewaschen und gespannt)

Im Flechtmuster mit Nd 6,0 mm 18 M und 24 R = 10 cm x 10 cm (gewaschen und gespannt)

GLATT RECHTS

In Hinr rechte M, in Rückr linke M str, bzw. in Rd alle M rechts str.

FLECHTMUSTER

Nach der Strickschrift str. Es sind nur die Hinr gezeichnet, in den Rückr die M str, wie sie erscheinen. Den Rapport von 8 M fortlaufend wdh. Die 1.-8. R fortlaufend wdh.

RIPPENMUSTER

2 M rechts, 2 M links im Wechsel str.

RANDMASCHEN

In Hinr die ersten und letzten 2 M rechts str. In Rückr die ersten und letzten 2 M links str.

2 MASCHEN RECHTS ÜBERZOGEN ZUSAMMENSTRICKEN

1 M wie zum Rechtsstr abheben, die nächste M rechts str, dann die abgehobene M überziehen.

FLECHTMUSTER

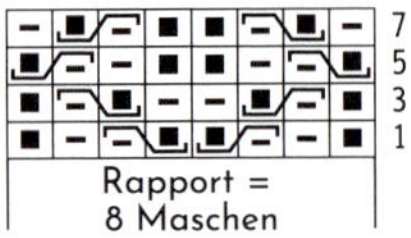

■ = 1 Masche rechts

– = 1 Masche links

= 1 Masche auf einer Hilfsnadel vor die Arbeit legen, 1 Masche rechts stricken, dann die Masche der Hilfsnadel links stricken

= 1 Masche auf einer Hilfsnadel vor die Arbeit legen, 1 Masche links stricken, dann die Masche der Hilfsnadel rechts stricken

VERKÜRZTE REIHEN

Nicht bis zum R-Ende stricken, sondern vorher wenden und zurückstricken, die restlichen M der R werden nicht gestrickt. Bei jedem Wenden als Wende-M eine Dm arbeiten.

1 Dm arb: Dafür die Nd in die nächste M wie zum Linksstr einstechen, Faden von vorne nach hinten über die Arbeit ziehen, die entstandene Dm hierbei auf die rechte Nd gleiten lassen. Die Dm immer wie eine einzelne M abstricken.

HINWEIS: Wenn nicht anders angegeben, werden die MM fortlaufend von der rechten auf die linke Nd gehoben.

ANLEITUNG

Der Cardigan wird von unten nach oben gestrickt. Vorder- und Rückenteile werden zusammen begonnen und ab Ärmelanfang getrennt beendet, die Schulternähte werden mit der Drei-Nd-Technik geschlossen. Der untere Teil der Vorderteile wird im Flechtmuster, der Rest glatt rechts gearbeitet. Die M für die Ärmel werden aus den Armausschnitten aufgefasst und in Rd glatt rechts gestrickt. Die Vorderteilblende wird entlang des Halsausschnitts und der Vorderteilkanten mit Knopflöchern im Rippenmuster gearbeitet.

START

Mit Nd 6,0 mm im Kreuzanschlag 158/170/182/194/206/222 M anschl. Zu Nd 5,0 mm wechseln und für das Bündchen 5 cm im Rippenmuster wie folgt str:

1. R (Rückr): 2 Rdm links, * 1 M links, 2 M rechts, 1 M links, ab * fortlaufend wdh bis 2 M vor R-Ende, 2 Rdm links.

2. R (Hinr): 2 Rdm rechts, * 1 M rechts, 2 M links, 1 M rechts, ab * fortlaufend wdh, ab * fortlaufend wdh bis 2 M vor R-Ende, 2 Rdm rechts.

Diese beiden R fortlaufend wdh, in der letzten Rückr wie folgt arb und MM setzen: 2 Rdm,

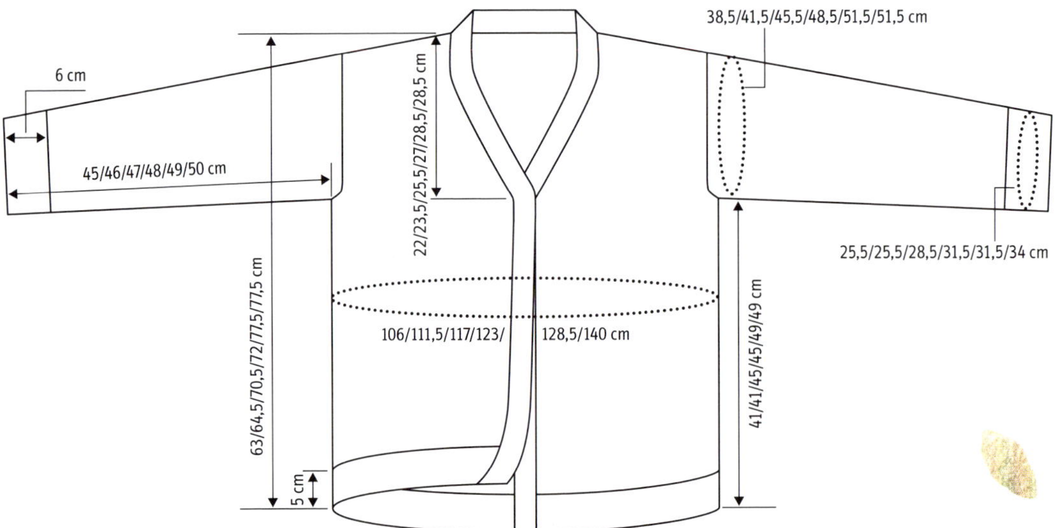

40/44/48/52/56/60 M mustergemäß str (linkes Vorderteil), MM setzen, 74/78/82/86/90/98 M mustergemäß str (Rückenteil), MM setzen, 40/44/48/52/56/60 M (rechtes Vorderteil) mustergemäß str, 2 Rdm.

Zu Nd 6,0 mm wechseln und wie folgt arb:

1. R (Hinr): 2 Rdm rechts, im Flechtmuster nach der Strickschrift str bis MM, rechts str bis MM, im Flechtmuster nach der Strickschrift bis zur letzten M, 2 Rdm rechts.

2. R (Rückr): 2 Rdm links, im Flechtmuster bis MM, links str bis MM, im Flechtmuster nach der Strickschrift bis zur letzten M, 2 Rdm links.

Diese beiden R fortlaufend wdh, dabei für das Flechtmuster nach der Strickschrift str, die 1.–8. R fortlaufend wdh.

In einer Höhe von 41/41/41/49/49/49 cm (gemessen inkl. Bündchen) und nach einer 8. R des Flechtmusters die Unterarm-M stilllegen und Vorderteile und Rückenteil getrennt beenden.

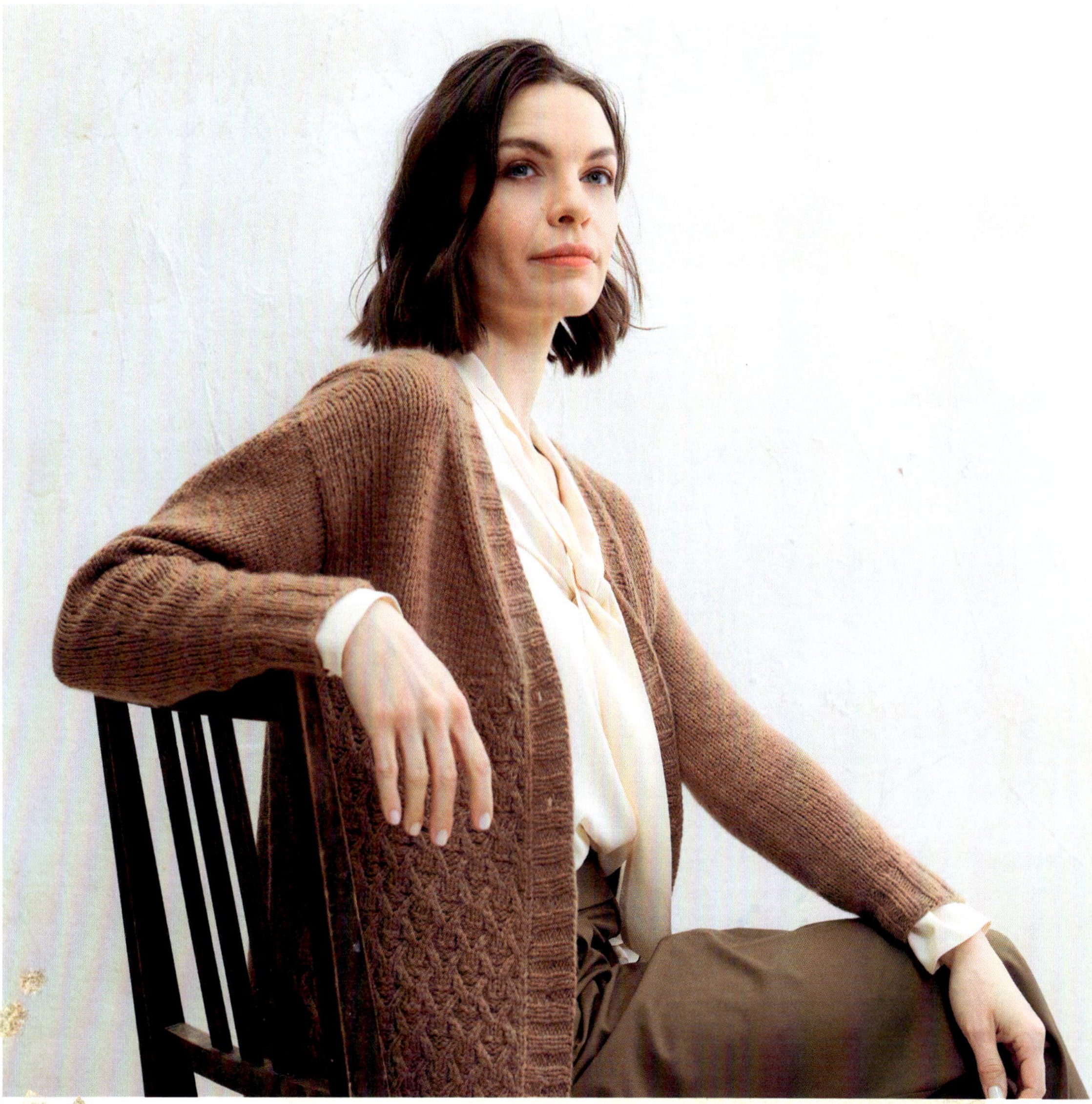

TEILUNG VORDERTEILE/RÜCKENTEIL

Hinr: * Bis 1 M vor MM rechts str, 2 M rechts str und stilllegen (z. B. auf einer Sicherheits-Nd oder einem Garnrest), ab * 1x wdh, bis R-Ende rechts str.

LINKES VORDERTEIL

Nun nur über die M des linken Vorderteils arb, gleichzeitig werden beidseitig M für den Armausschnitt und den V-Ausschnitt abgenommen:

1. R (Rückr): Alle M links str.

2. R (Hinr): 2 M rechts, 2 M rechts überzogen zusammenstr, bis 5 M vor R-Ende rechts str, 2 M rechts zusammenstr, 3 M rechts.

Die 1.+2. R noch 1x wdh.

Der Armausschnitt wird nun gerade hoch ohne Abnahmen gestrickt, die Abnahmen für den V-Ausschnitt werden weiterhin in jeder Hinr gearbeitet:

1. R (Rückr): Alle M links str.

2. R (Hinr): Bis 5 M vor R-Ende rechts str, 2 M rechts zusammenstr, 3 M rechts.

Die 1.+2. R fortlaufend wdh, bis noch 20/22/24/26/28/32 M für die Schulter übrig sind. Anschließend noch 8 R glatt rechts ohne Abnahmen arb. Nun wird die Schulterschrägung mit verkürzten R geformt.

1. R (Rückr): Bis 5/5/6/6/7/7 M vor R-Ende links str, wenden.

2. R (Hinr): 1 Dm arb, bis zum R-Ende rechts str.

3. R: Bis 5/5/6/6/7/7 M vor der letzten Dm links str, wenden.

4. R: 1 Dm arb, bis zum R-Ende rechts str.

Die 3.+4. R noch 1x wdh.

In der folgenden Rückr alle M links str, dabei die 3 Dm jeweils wie eine einzelne M abstr. Dann die M auf einem M-Halter oder Garnrest stilllegen.

RECHTES VORDERTEIL

Nun die M des rechten Vorderteils arb, hier wird gegengleich zum rechten Vorderteil gestrickt. An der Armlochseite wie folgt beginnen:

1. R (Rückr): Alle M links str.

2. R (Hinr): 3 M rechts, 2 M rechts überzogen zusammenstr, bis 4 M vor R-Ende rechts str, 2 M rechts zusammenstr, 2 M rechts.

Die 1.+2. R noch 1x wdh.

Der Armausschnitt wird nun gerade hoch ohne Abnahmen gestrickt, die Abnahmen für den V-Ausschnitt werden weiterhin in jeder 2. R wie folgt gearbeitet:

1. R (Rückr): Alle M links str.

2. R (Hinr): 3 M rechts, 2 M rechts überzogen zusammenstr, bis zum R-Ende rechts str.

Die 1.+2. R fortlaufend wdh, bis noch 20/22/24/26/28/32 M für die Schulter übrig sind. Nun wird die Schulterschrägung mit verkürzten R geformt.

1. R (Hinr): Bis 5/5/6/6/7/7 M vor R-Ende rechts str, wenden.

2. R (Rückr): 1 Dm arb, bis zum R-Ende links str.

3. R (Hinr): Bis 5/5/6/6/7/7 M vor der letzten Dm arb, wenden.

4. R (Rückr): 1 Dm arb, bis zum R-Ende links str.

Die 3.+4. R noch 1x wdh.

In der folgenden Hinr alle M rechts str, dabei die 3 Dm jeweils wie einzelne M abstr. Dann die M auf einem M-Halter oder einem Garnrest stilllegen.

RÜCKENTEIL

Die 72/76/80/84/88/96 M für das Rückenteil auf die Nd nehmen mit einer Rückr von der linken Armlochseite starten.

1. R (Rückr): Alle M links str.

2. R (Hinr): 2 M rechts, 2 M rechts überzogen zusammenstr, bis 4 M vor Ende rechts str, 2 M rechts zusammenstr, 2 M rechts.

Die 1.+2. R noch 1x wdh
(= 68/72/76/80/84/92 M).

Nun glatt rechts str und auf derselben Höhe wie beim Vorderteil mit den verkürzten R für die Schulterschrägung beginnen.

1. R (Hinr): Bis 5/5/6/6/7/7 M vor R-Ende rechts str, wenden.

2. R (Rückr): 1 Dm arb, Bis 5/5/6/6/7/7 M vor R-Ende links str, wenden.

3. R (Hinr): 1 Dm arb, bis 5/5/6/6/7/7 M vor der letzten DM rechts str, wenden.

4. R (Rückr): 1 Dm arb, bis 5/5/6/6/7/7 M vor der letzten DM links str, wenden.

Die 3.+4. R noch 1x wdh.

In der folgenden Hinr alle M rechts str, dabei die 6 Dm jeweils wie eine einzelne M abstr. Eine weitere Rückr linke M str und die M auf der Nd lassen, den Faden nicht abschneiden.

SCHULTERNÄHTE

Nun die 20/22/24/26/28/32 M des rechten Vorderteils wieder auf eine Nd nehmen. Hier kann die kleinere Nd verwendet werden. Um die rechte Schulternaht zu schließen, das Strickstück wenden, sodass das Rückenteil und das rechte Vorderteil rechts auf rechts legen, die Nd-Spitzen liegen parallel und zeigen zum Armloch.
Nun die M der vorderen und rückwärtigen Schulter und mit der Drei-Nd-Technik abk: Mit einer dritten Nd wie zum Rechtsstr jeweils in die 1. M auf beiden Nd einstechen. Beide M rechts zusammenstr und von den Nd gleiten lassen. * Die nächsten 2 M der beiden Nd ebenso zusammenstr und von den Nd gleiten lassen. Nun die 1. M auf der rechten Nd über die 2. M ziehen und diese so abk. Ab * fortlaufend wdh, bis alle M abgekettet sind.
Über die M des Halsausschnitts rechts str bis zu den letzten 20/22/24/26/28/32 M für die linke Schulter. Die 20/22/24/26/28/32 M des rechten Vorderteils auf eine Nd nehmen (die Nd-Spitze zeigt zum Halsloch) wieder rechts auf rechts auf das Rückenteil legen und am Halsausschnitt beginnend die Schulter-M mit der Drei-Nd-Technik wie beschrieben verbinden.
Die 28 M des Halsausschnitts von der Nd auf einen M-Halter oder einen Garnrest stilllegen.

ÄRMEL (2x)

Die 2 stillgelegten M eines Unterarms auf die größere Nd (Rundstricknd für die Magic-Loop-Methode oder Ndspiel) nehmen und entlang des Armausschnitts 54/58/64/68/72/72 M auffassen. Nach der Hälfte der M (Höhe Schulternaht) einen MM setzen. In Rd glatt rechts arb und dabei in jeder 8./7./7./7./6./7. Rd 2 M wie folgt abnehmen: Bis 4 M vor dem MM rechts str, 2 M rechts überzogen zusammenstr, 2 M rechts, MM abheben, 2 M rechts, 2 M rechts zusammenstr, bis zum Rd-Ende rechts str. Diese Abnahmen insgesamt 9x/11x/12x/12x/14x/12x arb (= 36/36/40/44/44/48 M). Anschließend glatt rechts weiterstr, bis eine Länge von 39/40/41/42/43/44 cm (oder die gewünschte Länge abzüglich 6 cm für das Bündchen) erreicht ist.
Zur kleineren Nd (Rundstricknd für die Magic-Loop-Methode oder Ndspiel) wechseln und 6 cm im Rippenmuster arb. dann die M mustergemäß abk.

VORDERTEILBLENDE

Mit Nd 5,0 mm am rechten unteren Vorderteil beginnen und 224/228/248/252/276/276 M entlang der rechten Vorderteilkante, des Halsausschnitts und der linken Vorderteilkante auffassen: ca. 2 M auf 3 R entlang der Vorderteilkanten (ca. 66/66/72/72/78/78 M pro Knopf-/Knopflochkante, ca. 36/38/40/43/46/46 M pro V-Ausschnittkante) und 20/20/24/24/28/28 M entlang des hinteren Halsausschnitts. Die Blende wird im Rippenmuster in R gestrickt:
1. R (Rückr): 3 M rechts, * 2 M links, 2 M rechts, ab * fortlaufend wdh, mit 1 M rechts enden.
2. R (Hinr): Alle M str, wie sie erscheinen.
Die 1.+2. R 1x wdh., dann die 1. R noch 1x arb.
Nun werden die Knopflöcher entlang der rechten Vorderteilkante gearbeitet:
Knopfloch-R (Hinr): 3 M rechts, * 2 M links, 1 M rechts, 2 M rechts überzogen zusammenstr, 2 U, 2 M rechts zusammenstr, 1 M rechts, 2 M links, 2 M rechts, ab * noch 5/5/5/6/6/6x wdh, die R mustergemäß beenden. In der folgenden R die U rechts und rechts verschränkt abstr.
Nun die 1.+2. R noch 2x wdh. Dann alle M mustergemäß abk.

FERTIGSTELLEN

Die Fäden vernähen. Den Cardigan waschen und den Maßen entsprechend spannen. Die Knöpfe annähen.

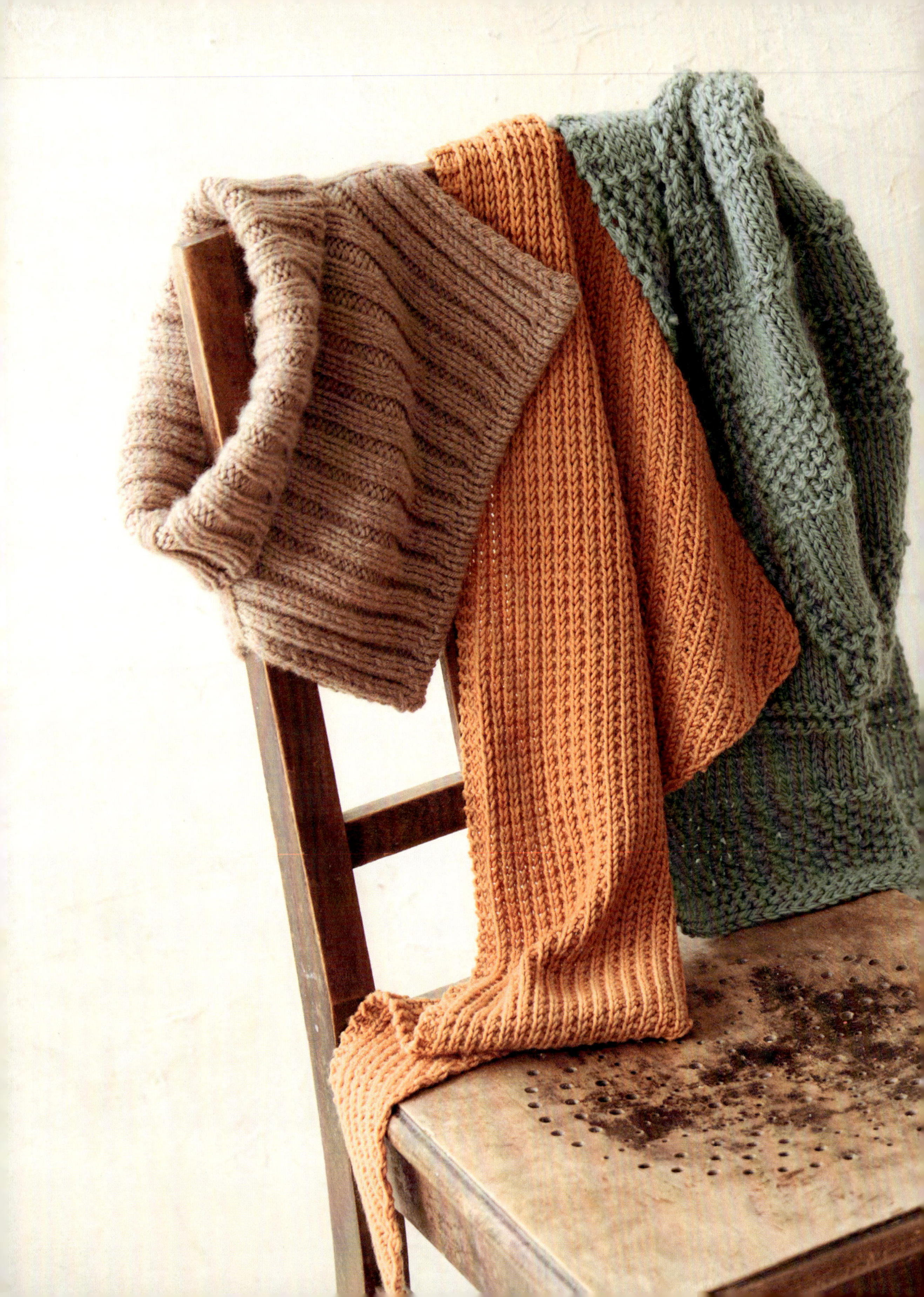

SCHALS & TÜCHER

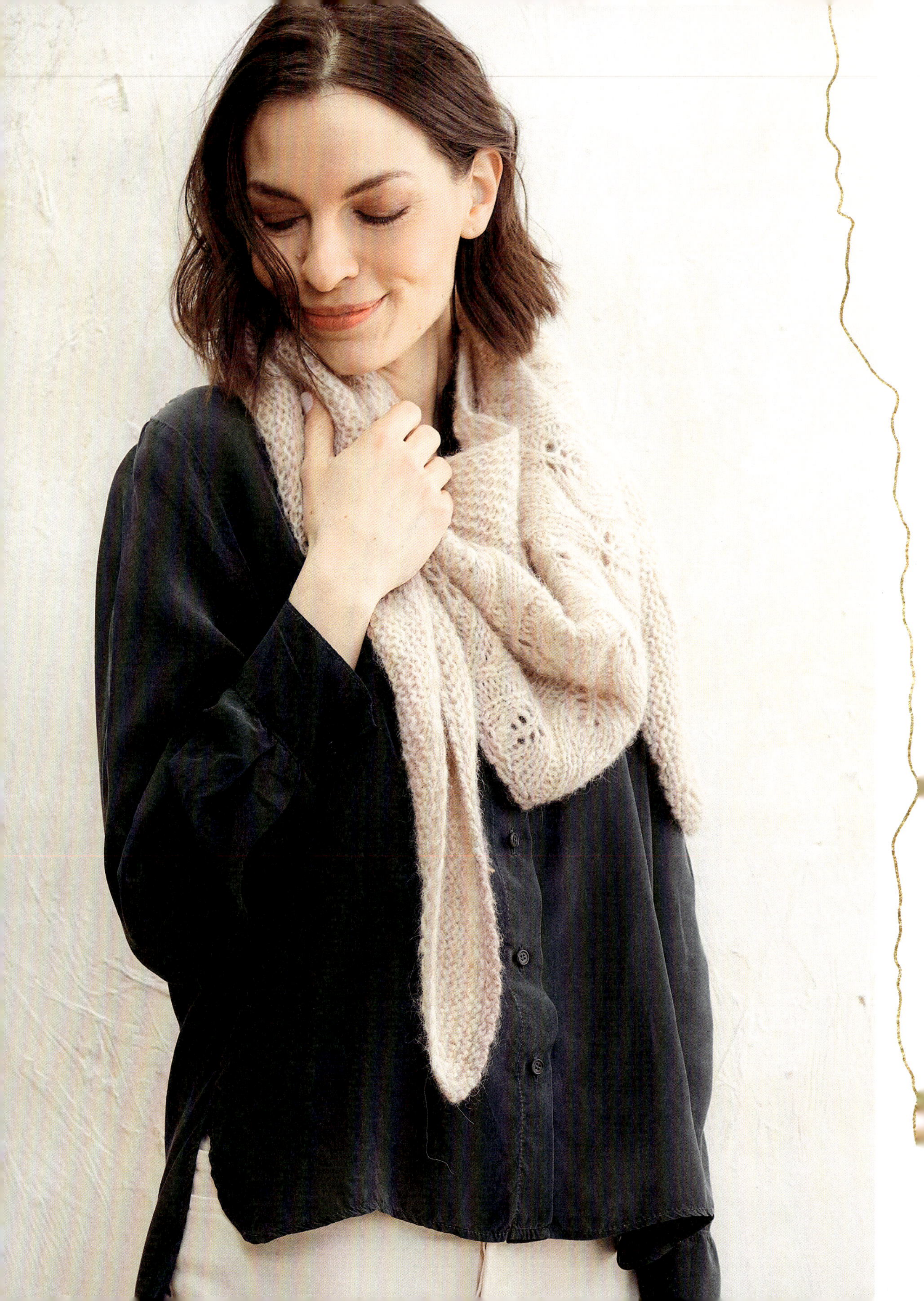

SAND
HALBRUNDES TUCH IM AJOURMUSTER

SCHWIERIGKEITSGRAD 3

GRÖSSE

Länge: 180 cm lang (von Spitze zu Spitze) | Breite: 50 cm

Hinweis: Das Tuch kann auf eine beliebige Größe weitergestrickt werden.

MATERIAL

Lang Yarns Malou Light (LL ca. 190 m/50 g) in Sand (Fb 22), 120 g
Rundstricknadel 5,0 mm, 90 cm lang | Häkelnadel 4,5 mm | Maschenmarkierer zum Öffnen
Wollnadel

MASCHENPROBE

Kraus rechts mit Nd 5,0 mm 13 M und 15 R = 10 cm x 10 cm

RANDMASCHEN

In jeder R die erste M wie zum Rechtsstr abheben und die letzte M links str.

KRAUS RECHTS

In Hin- und Rückr rechte M str.

BLATTMUSTER

Nach der Strickschrift str. Es sind nur die Hinr gezeichnet. In den Rückr alle M str, wie sie erscheinen, Umschläge links str. Die Zunahmen am rechten und linken Rand in Hin- und Rückreihen wie in der Legende angegeben arb.

MASCHEN AUS DEM QUERFADEN ZUNEHMEN

1 M linksgeneigt zunehmen: Den Querfaden zwischen 2 M von vorn auf die linke Nd-Spitze nehmen und mit der rechten Nd rechts verschränkt str.

1 M rechtsgeneigt zunehmen: Den Querfaden zwischen 2 M von hinten auf die linke Nd-Spitze nehmen und mit der rechten Nd rechts str.

Die Zunahmen jeweils am R-Anfang linksgeneigt und am R-Ende rechtsgeneigt arb.

HINWEIS: Wenn nicht anders angegeben, werden die MM fortlaufend von der rechten auf die linke Nd gehoben.

ANLEITUNG

Das halbrunde Tuch wird von oben nach unten gestrickt und durch Zunahmen in Hin- und Rückr in den beiden äußeren Kraus-rechts-Teilen vergrößert. In der Mitte des Tuches befindet sich ein Ajourmuster aus Blattmotiven, welches ebenfalls breiter wird. Zum Abschluss wird die Abkettkante mit Krebs-M behäkelt.

START/VORBEREITUNGSREIHEN

Mit Nd 5,0 mm 7 M anschl und nun wie folgt die Vorbereitungs-R für das Muster str, dabei die MM setzen und wie folgt zunehmen.

1. R (Rückr): 1 Rdm, 2 M rechts, MM setzen, 1 M rechts, MM setzen, 2 M rechts, 1 Rdm.

2. R (Hinr): 1 Rdm, 1 M linksgeneigt zunehmen, rechte M str bis zum MM, 1 M linksgeneigt zunehmen, 1 M rechts, 1 M rechtsgeneigt zunehmen, rechte M str bis 1 M vor Ende, 1 M rechtsgeneigt zunehmen, 1 Rdm.

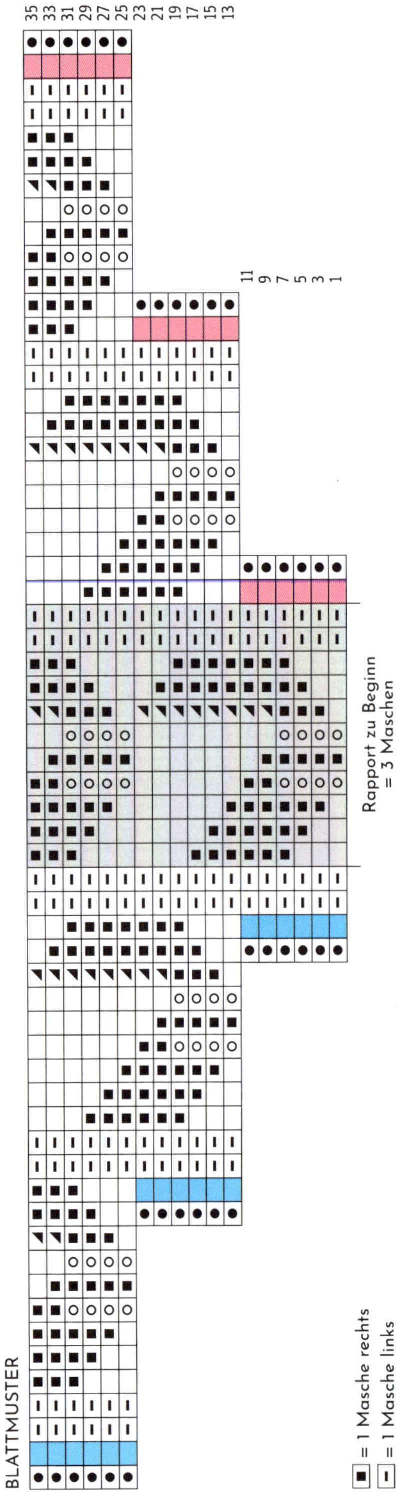

■ = 1 Masche rechts

▮ = 1 Masche links

○ = 1 Umschlag

● = 1 Randmasche

□ = keine Masche, dient nur der besseren Übersicht

◢ = 2 Maschen rechts zusammenstricken

(rosa) = 1 Masche linksgeneigt zunehmen, rechte Maschen stricken bis zum Blattmuster (Maschenmarkierer), 1 Masche linksgeneigt zunehmen

(blau) = 1 Masche rechtsgeneigt zunehmen, rechte Maschen stricken bis 1 Masche vor Reihenende, 1 Masche rechtsgeneigt zunehmen

In den Rückreihen am Reihenanfang nach der Randmasche 1 Masche linksgeneigt zunehmen, rechte Maschen stricken bis zum Maschenmarkierer (Blattmuster), am Reihenende nach dem Blattmuster (Maschenmarkierer) 1 Masche linksgeneigt zunehmen, rechte Maschen stricken bis 1 Masche vor Reihenende, 1 Masche rechtsgeneigt zunehmen

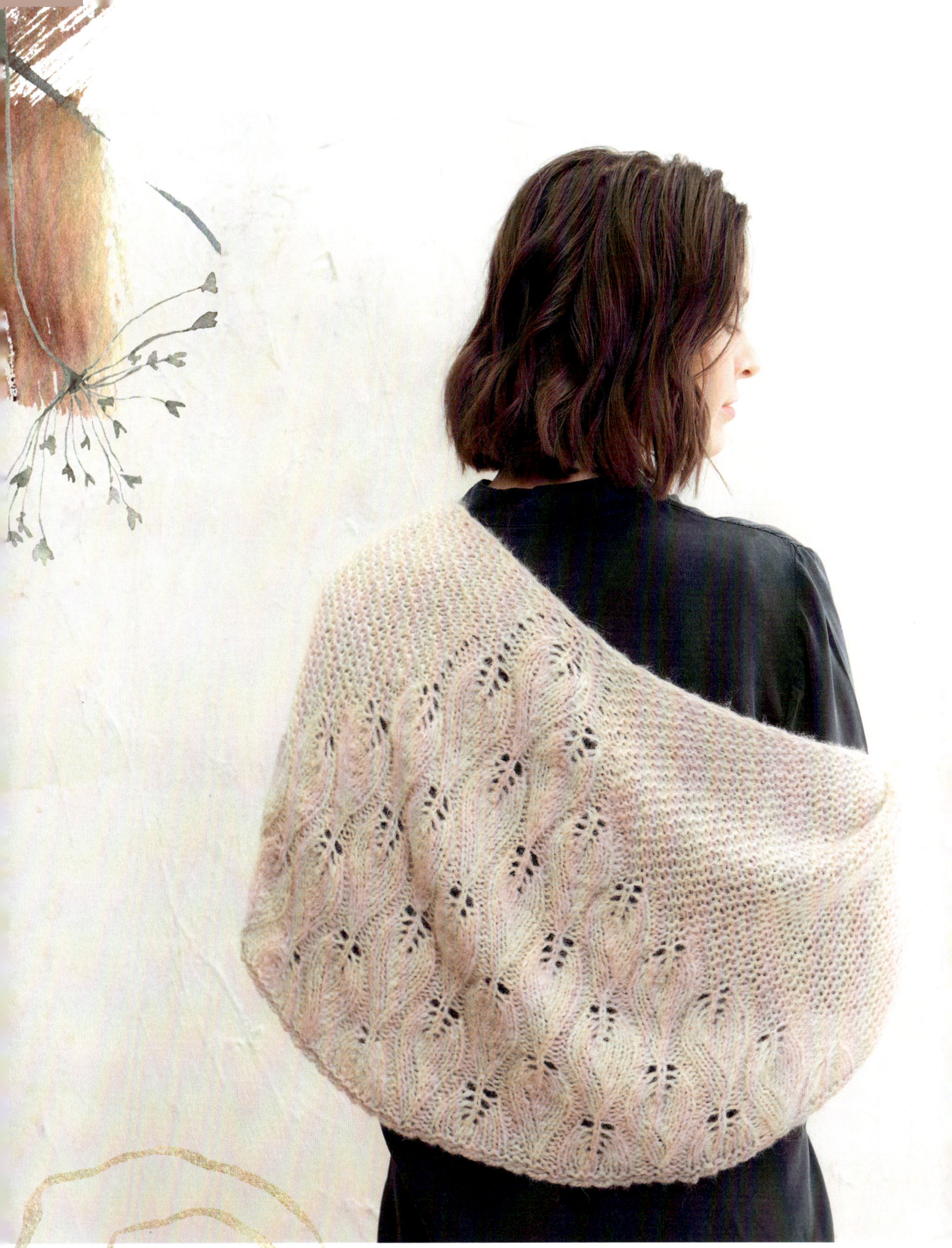

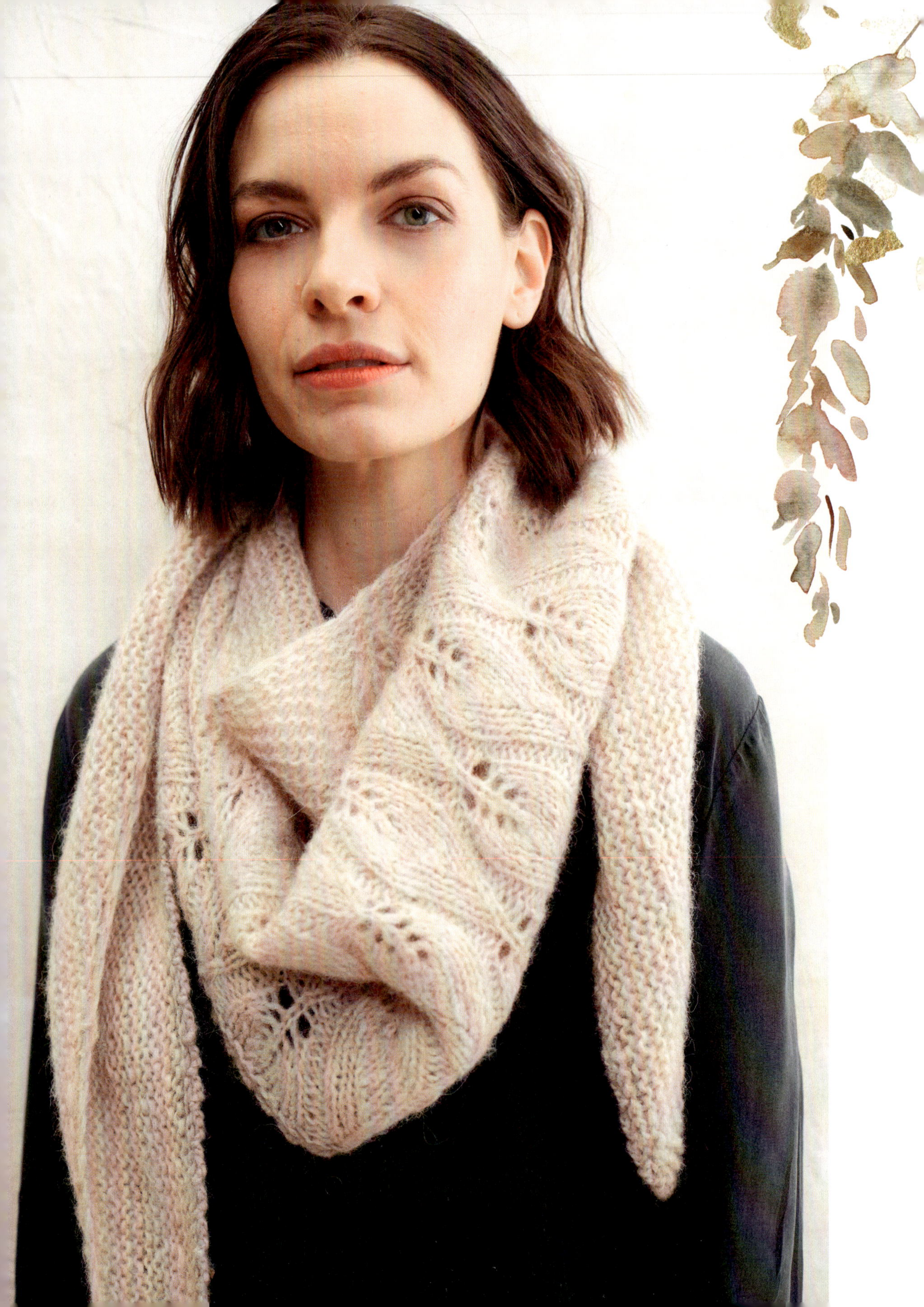

3. R (Rückr): 1 Rdm, 1 M linksgeneigt zunehmen, rechte M str bis 1 M vor R-Ende, 1 M rechtsgeneigt zunehmen, 1 Rdm.

4. R (Hinr): 1 Rdm, 1 M linksgeneigt zunehmen, rechte M str bis zum MM, 1 M linksgeneigt zunehmen 3 M rechts, 1 M rechtsgeneigt zunehmen, rechte M str bis 1 M vor R-Ende, 1 M rechtsgeneigt zunehmen, 1 Rdm.

5. R (Rückr): 1 Rdm, 1 M linksgeneigt zunehmen rechte M str bis 1 M vor R-Ende, 1 M rechtsgeneigt zunehmen, 1 Rdm.

6. R (Hinr): 1 Rdm, 1 M linksgeneigt zunehmen, rechte M str bis zum MM, 1 M linksgeneigt zunehmen, 5 rechts, 1 M rechtsgeneigt zunehmen, rechte M str bis 1 M vor R-Ende, 1 M rechtsgeneigt zunehmen, 1 Rdm.

7. R (Rückr): 1 Rdm, 1 M linksgeneigt zunehmen, rechte M str bis 1 M vor R-Ende, 1 M rechtsgeneigt zunehmen, 1 Rdm.

Es sind nun 25 M auf der Nd.

MUSTEREINTEILUNG

Ab jetzt wird in folgender Musteraufteilung gearbeitet:

Hinr: 1 Rdm, 1 M linksgeneigt zunehmen, rechte M str bis zum MM, 1 M linksgeneigt zunehmen, MM, im Blattmuster str, MM, 1 M rechtsgeneigt zunehmen, rechte M str bis 1 M vor R-Ende, 1 M rechtsgeneigt zunehmen, 1 Rdm (= es werden 4 M zugenommen).

Rückr: 1 Rdm, 1 M linksgeneigt zunehmen, rechte M str bis MM, im Blattmuster str, MM, rechte M str bis 1 M vor R-Ende, 1 M rechtsgeneigt zunehmen, 1 Rdm (= es werden 2 M zugenommen).

In dieser Einteilung zunächst die 1.-12. R nach der Strickschrift str.

MUSTERERWEITERUNGEN

In der 13. R wird das Muster um zwei Blätter = zwei Rapporte (von zu Beginn 3 M) einmal nach rechts und einmal nach links erweitert. So sind dann 3 Rapporte vom Blattmuster in der Mitte des Tuchs. Dazu den MM auf der rechten Seite um 3 M nach rechts versetzen und den MM auf der linken Seite um 3 M nach links versetzen.

BITTE BEACHTEN: Der mittlere Rapport wird weitergestrickt (= 13. R in der Strickschrift).

Die zweite Erweiterung des Musters um zwei weitere Rapporte wird in der 25. R ebenso wie in der 13. R gearbeitet.

Die dritte Erweiterung erfolgt in der 37. R, die vierte in der 49. R usw. Die Erweiterungen erfolgen also in jeder weiteren 13. R, bis 7 beendete Rapporte und 8 angefangene Rapporte gearbeitet sind. Das sind 4 beendete Blätter in der Mitte des Tuchs. Auf Wunsch kann mit mehr Erweiterungen weitergestrickt werden. Dabei aber beachten, dass dann die angegebene Wollmenge nicht ausreicht.

Nach der letzten Rückr die M abk. Den Faden nicht abschneiden.

HÄKELKANTE

Zum Abschluss kann die Abkettkante mit Krebs-M (= fM von links nach rechts) behäkelt werden. Dafür 1 Lm häkeln, nicht wenden, es wird nach rechts, also zurückgehäkelt. Mit der Häkelnd zurück in die letzte M unter beiden M-Schenkeln einstechen. Mit der Häkelnd den Arbeitsfaden fassen und durch die M ziehen.. Jetzt liegen 2 Schlingen auf der Nd. Den Arbeitsfaden erneut fassen und durch beide Schlingen ziehen. Für die nächste Krebs-M in die nächste M rechts neben der letzten einstechen und die nächste Krebs-M arb. Nach diesem Prinzip weiterhäkeln, bis die ganze Abkettkante behäkelt ist.

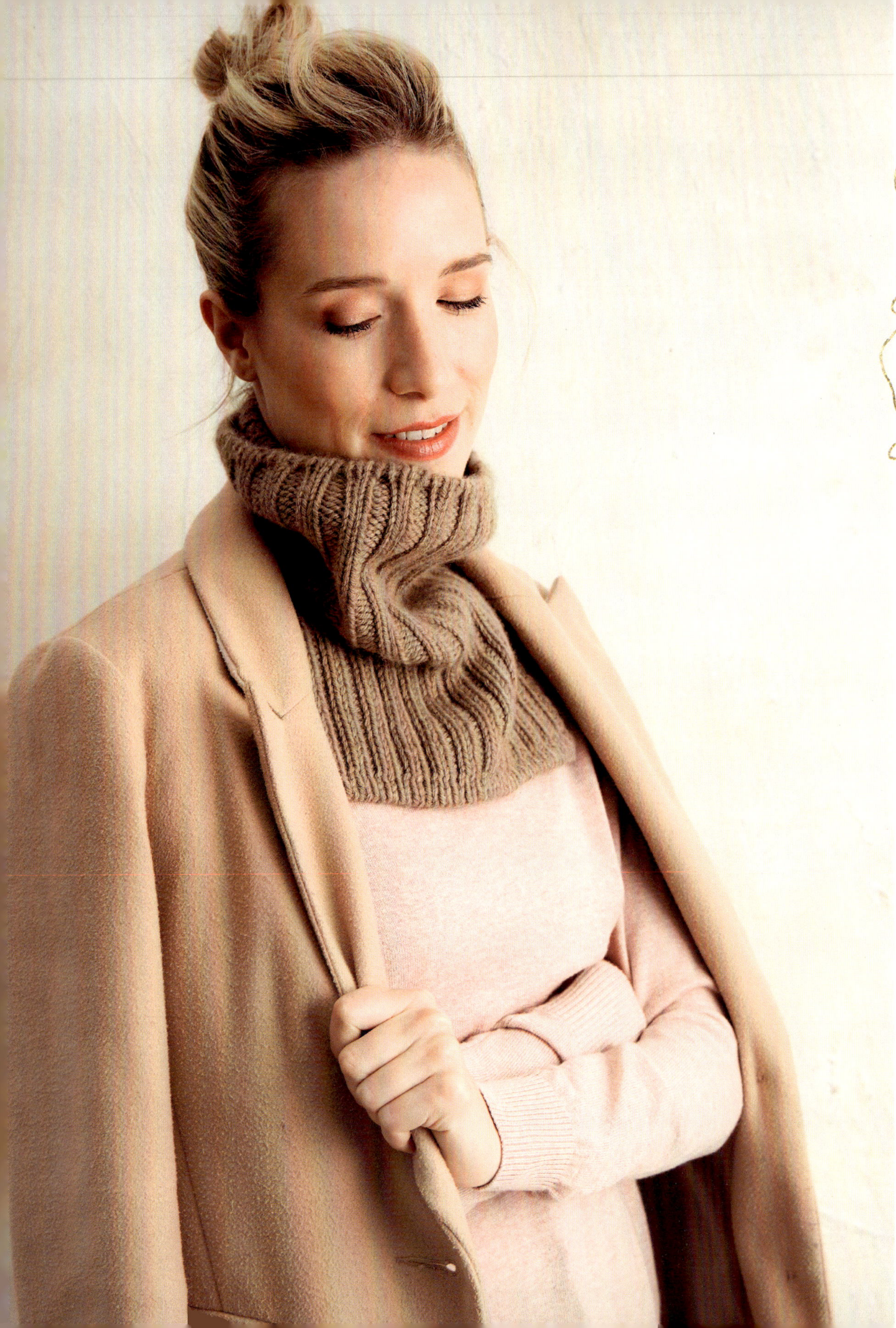

LEINEN
KRAGEN IM DOPPELTEN RIPPENMUSTER

SCHWIERIGKEITSGRAD 1

GRÖSSE

S/M/L

Kragenumfang: 42/44/46 cm | Gesamtlänge: 28,5/31/33,5 cm

Hinweis: Die Angaben für die einzelnen Größen stehen hintereinander, jeweils durch Schrägstriche getrennt. Steht nur eine Angabe, gilt diese für alle Größen.

MATERIAL

Rico Design Essentials Cashlana Chunky (LL 66 m/50 g) in Beige Melange, 150/200/200 g

Rundstricknadel 5,5 mm, mind. 40 cm lang | Maschenmarkierer | Wollnadel

MASCHENPROBE

Im 2/2-Rippenmuster mit Nd 5,5 mm 20 M und 24 R = 10 cm x 10 cm

RIPPENMUSTER

In Reihen

In Hinr: Rdm, * 2 M rechts, 2 M links, ab * fortlaufend wdh bis 3 M vor R-Ende, 3 M rechts.

In Rückr: Rdm, * 2 M links, 2 M rechts, ab * fortlaufend wdh bis 3 M vor R-Ende, 2 M links, 1 M rechts.

In Runden

2 M links, 2 M rechts im Wechsel str.

RANDMASCHEN

Die Rdm in Hin- und Rückr am R-Beginn wie zum Linksstr abheben, dabei den Faden vor der M weiterführen, und am R-Ende rechts str.

1 MASCHE AUS DEM QUERFADEN ZUNEHMEN

1 rechte M rechtsgeneigt zunehmen: Den Querfaden zwischen 2 M von hinten auf die linke Nd-Spitze nehmen und mit der rechten Nd rechts str.

1 rechte M linksgeneigt zunehmen: Den Querfaden zwischen 2 M von vorn auf die linke Nd-Spitze nehmen und mit der rechten Nd rechts verschränkt str.

1 linke M linksgeneigt zunehmen: Den Querfaden zwischen 2 M von vorn auf die linke Nd-Spitze nehmen und mit der rechten Nd links verschränkt str.

1 linke M rechtsgeneigt zunehmen: Den Querfaden zwischen 2 M von hinten auf die linke Nd-Spitze nehmen und mit der rechten Nd links str.

ANLEITUNG

84/88/92 M mit dem italienischen M-Anschlag anschl. Die M nach der Anfangsschlinge muss eine rechte M sein, d.h., die Anfangsschlinge bildet später eine linke M. Zur Rd schließen und den Rd-Beginn mit einem MM kennzeichnen.

Wie folgt 4 Vorbereitungs-R arb:

1. Rd: * 1 M links verschränkt, 1 M wie zum Linksstr abheben, dabei den Faden hinter der M weiterführen, ab * bis R-Ende wdh.

2. Rd: * 1 M wie zum Linksstr abheben, dabei den Faden vor der M weiterführen, 1 M rechts, ab * bis R-Ende wdh.

3. Rd: * 1 M links, 1 M wie zum Linksstr abheben, dabei den Faden hinter der M weiterführen, ab * bis R-Ende wdh.

4. Rd: Wie die 2. Rd str.

Ab jetzt im Rippenmuster str, dabei direkt nach dem MM am Rd-Beginn und folgend alle 2 M die rechte und linke M folgendermaßen tauschen: * 1 linke M auslassen, aber auf der linken Nd belassen, die nachfolgende M rechts str, dann die vorherige M links str und beide M auf die rechte Nd heben, 1 M links, 1 M rechts, ab * wdh bis Rd-Ende.

Im Rippenmuster str, bis die Arbeit 11/13/14 cm ab Anschlag misst.

Einen weiteren MM ausgehend vom Rd-Beginn nach 44/44/48 M setzen.

Nun werden Zunahmen gearbeitet:

1. Rd: 1 M rechts, 1 rechte M linksgeneigt zunehmen, im Rippenmuster str bis 1 M vor dem MM, 1 rechte M rechtsgeneigt zunehmen, 1 M rechts, MM abheben, 1 M rechts, 1 rechte M linksgeneigt zunehmen, im Rippenmuster str bis 1 M vor dem MM, 1 rechte M rechtsgeneigt zunehmen, 1 M rechts.

2. Rd: Wie die 1. Rd str.

3. Rd: 1 M rechts, 1 linke M rechtsgeneigt zunehmen, im Rippenmuster str bis 1 M vor dem MM, 1 linke M linksgeneigt zun, 1 M rechts, MM abheben, 1 M rechts, 1 linke M rechtsgeneigt zunehmen, im Rippenmuster str bis 1 M vor dem MM, 1 linke M linksgeneigt zunehmen, 1 M rechts.

4 Rd: Wie die 3. Rd str.

Die 1.-4. Rd 1x wdh, dann noch 1x die 1.+2. R arb. Es wurden insgesamt 40 M zugenommen (= 124/128/132 M).

TEILUNG

Nun wird das Strickstück in Vorder- und Rückenteil unterteilt. Diese sind bereits jeweils durch die zwei gesetzten MM definiert:

Größe S: 64 M Vorderteil, 60 M Rückenteil

Größe M: Je 64 M Vorder- und Rückenteil

Größe L: 68 M Vorderteil, 64 M Rückenteil

VORDERTEIL

Nun für das Vorderteil zwischen den MM im Rippenmuster in R str. Die M für das Rückenteil werden stillgelegt. Wenn das Vorderteil 10/11/12 cm ab Teilung misst, werden 4 Vorbereitungs-R für das italienische Abnähen gearbeitet. Zuvor müssen die M vom 2/2-Rippenmuster in ein 1/1-Rippenmuster umgewandelt werden. Dazu die M in der Rückr in eine Abfolge rechte und linke M folgendermaßen aufteilen: Rdm, * 1 M links, 1 linke M auslassen, aber auf der linken Nd belassen, die nachfolgende M rechts str, dann die vorherige M links str und beide M auf rechte Nd heben, 1 M rechts, ab * wdh bis 3 M vor R-Ende, 1 M links, 1 rechte M linksgeneigt zunehmen, 1 M links, 1 Rdm. Dann folgen die 4 R Vorbereitungs-R für das italienische Abnähen. Anschließend die M abnähen.

RÜCKENTEIL

Die stillgelegten M des Rückenteils wieder in Arbeit nehmen und im Rippenmuster in R str, bis das Stück 10/11/12 cm ab Teilung misst. Nun die M wie für das Vorderteil angegeben in einer Rückr tauschen. Dann folgen die 4 R Vorbereitungs-R für das italienische Abnähen. Anschließend die M abnähen.

FERTIGSTELLEN

Alle Fäden vernähen. Das Strickstück waschen und spannen für eine optimale Passform.

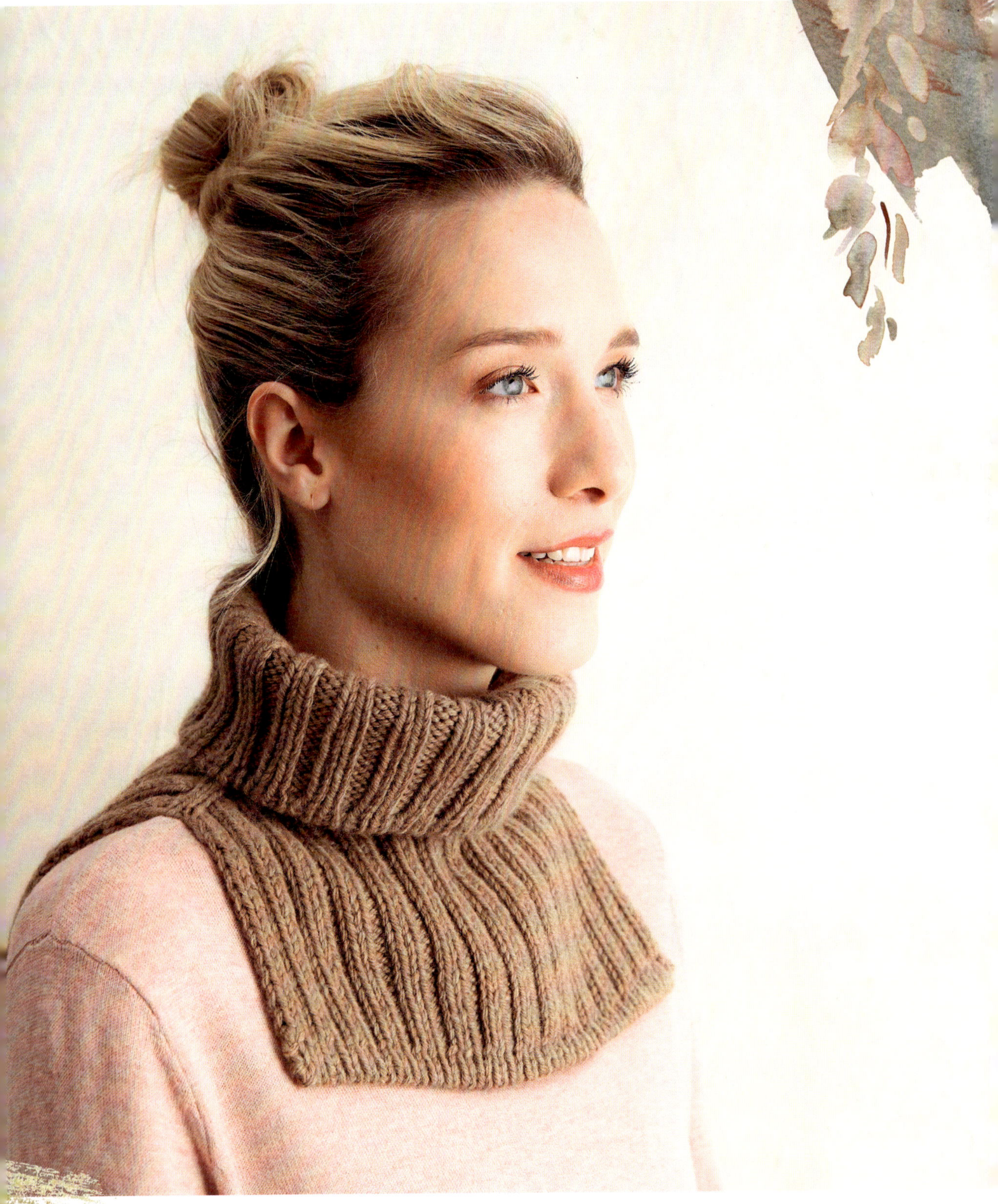

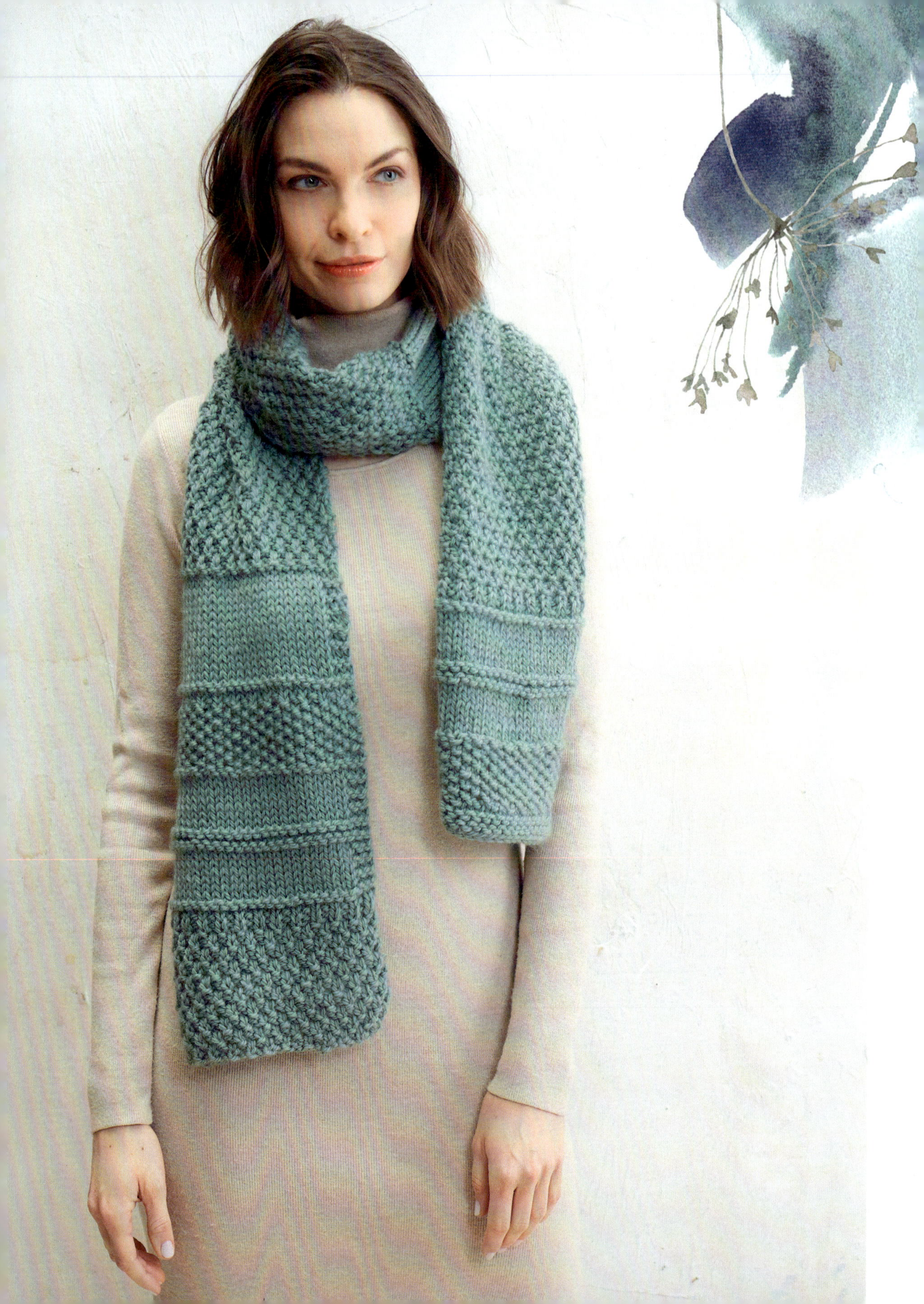

AQUAMARIN
SCHAL IM MUSTERMIX

SCHWIERIGKEITSGRAD 2

GRÖSSE
Länge: 195 cm | Breite: 26 cm

MATERIAL
Wooladdicts Glory (LL 70 m/50 g) in Sage (Fb 92), 250 g
Rundstricknadel 8,0 mm, mind. 60 cm lang | Wollnadel

MASCHENPROBE
Glatt rechts mit Nd 8,0 mm 13 M und 16 R = 10 cm x 10 cm

KRAUS RECHTS
In Hin- und Rückr rechte M str.

GLATT RECHTS
In Hinr rechte M, in Rückr linke M str.

KLEINES PERLMUSTER
1. R: 1 M rechts, 1 M links im Wechsel str.
2. R: 1 M links, 1 M rechts im Wechsel str..
Die 1.+2. R fortlaufend wdh.

GROSSES PERLMUSTER
1. R: 1 M rechts, 1 M links im Wechsel str.
2. R: Alle M str, wie sie erscheinen.
3. R: 1 M links, 1 M rechts im Wechsel str.
4. R: Alle M str, wie sie erscheinen.
Die 1.-4. R fortlaufend wdh.

RANDMASCHEN
Die Rdm werden nur in den glatt rechts gestrickten R gearbeitet. In den Hin- und Rückr die ersten und die letzten 3 M rechts str.

ANLEITUNG
32 M anschl und wie folgt str:
* 20 R im großen Perlmuster, 2 R kraus rechts,
6 R glatt rechts mit Rdm, 4 R kraus rechts,
6 R glatt rechts mit Rdm, 2 R kraus rechts,
10 R im kleinen Perlmuster, 2 R kraus rechts,
12 R glatt rechts mit Rdm, 2 R kraus rechts,
20 R im großen Perlmuster.
Ab * 2x wdh.
Dann weiter wie folgt:
20 R im großen Perlmuster, 2 R kraus rechts,
6 R in glatt rechts mit Rdm, 4 R kraus rechts,
6 R glatt rechts mit Rdm, 2 R kraus rechts str,
10 R im kleinen Perlmuster, 2 R kraus rechts.
Alle M locker abk und die Fäden vernähen.

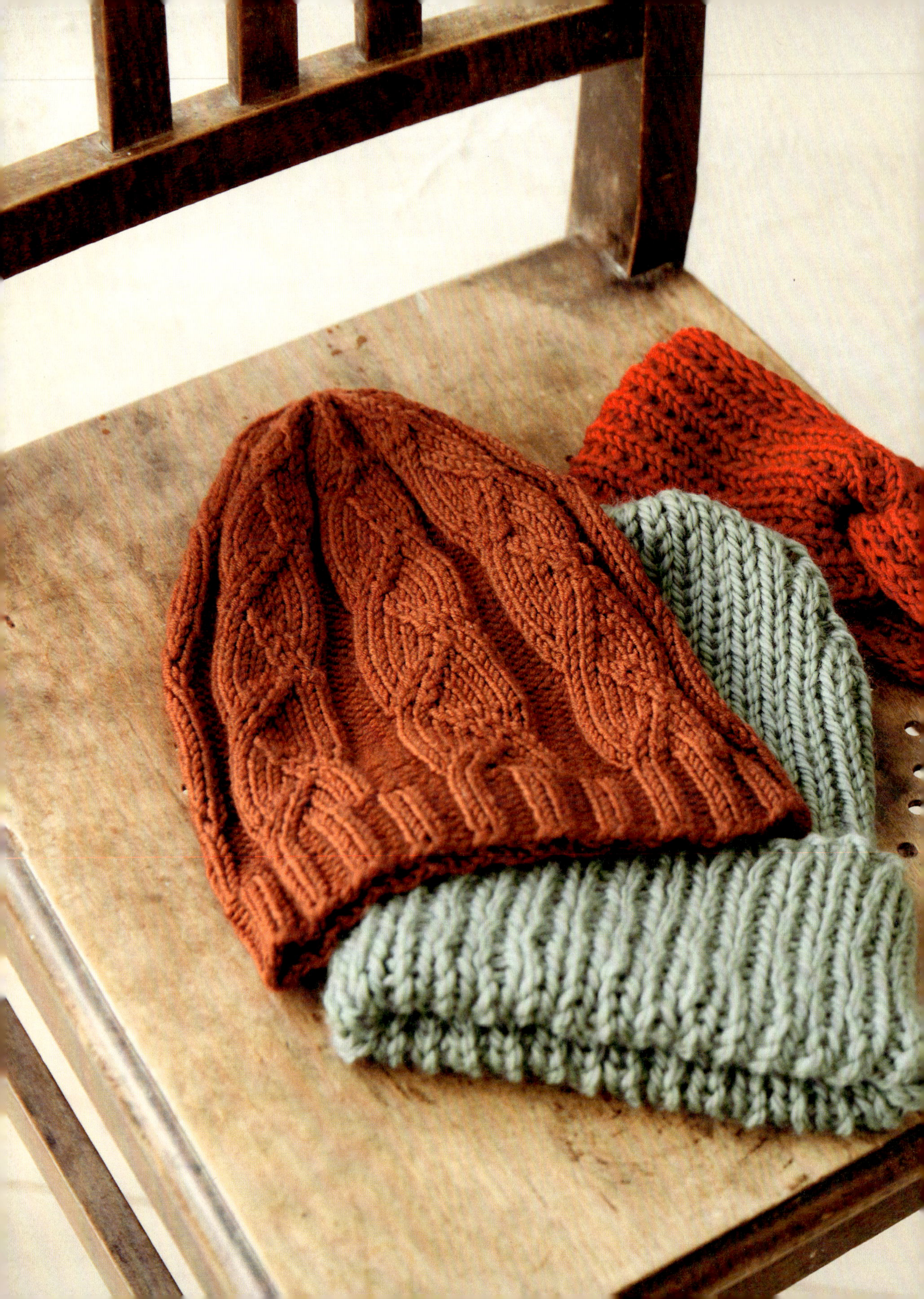

ACCESSOIRES

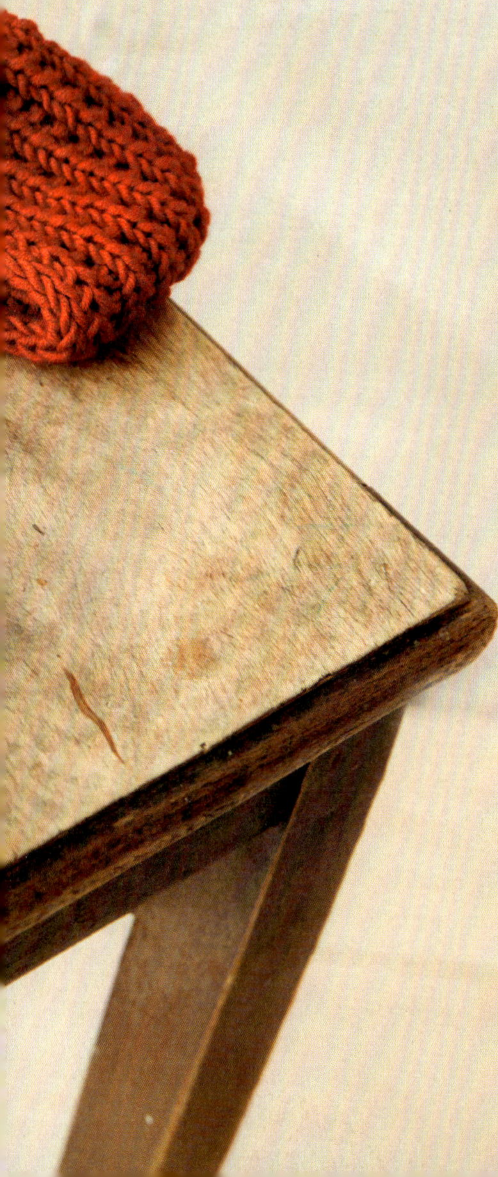

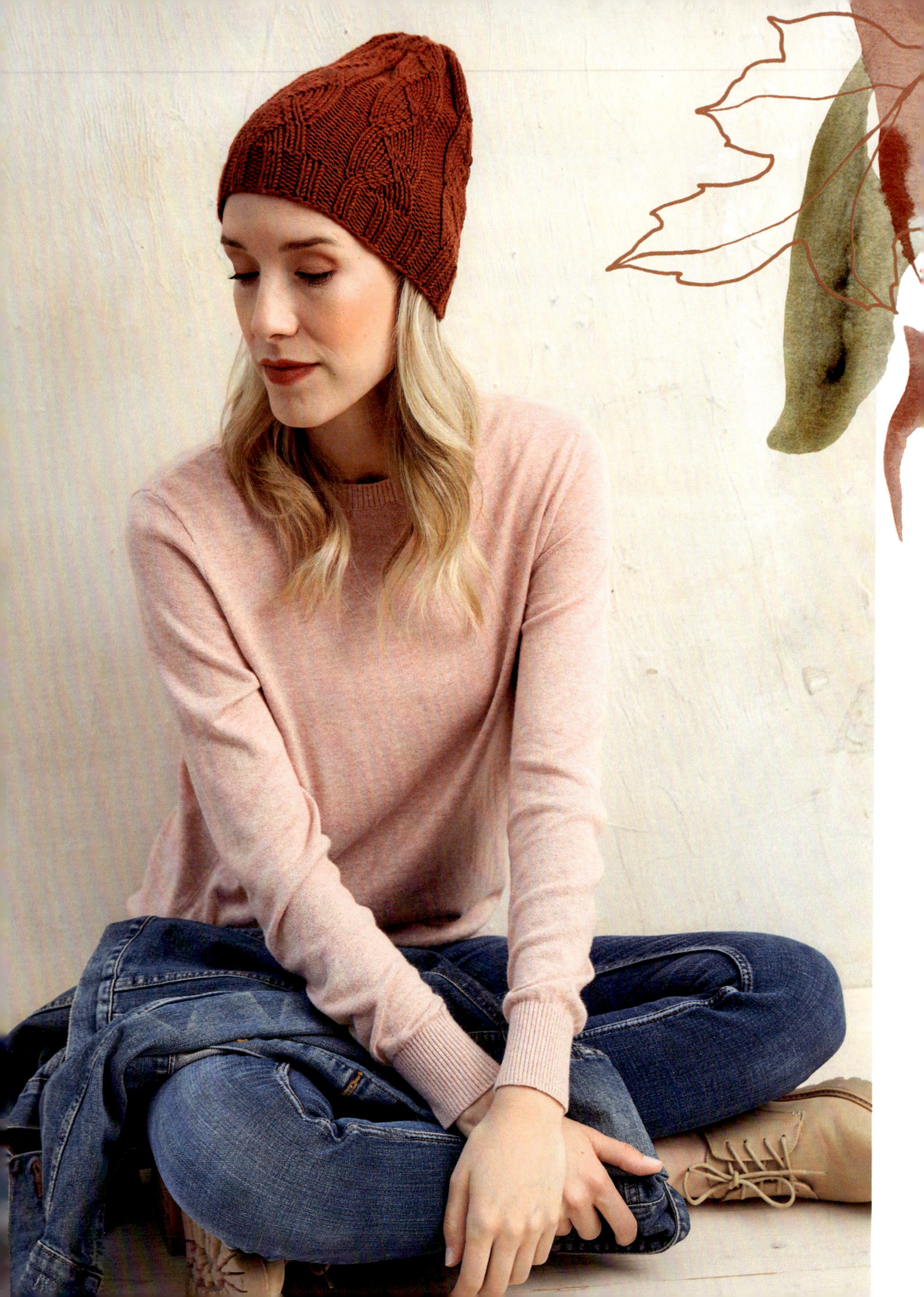

ZIMT

MÜTZE MIT FALSCHEN ZÖPFEN

SCHWIERIGKEITSGRAD 2

GRÖSSE

Kopfumfang: 51–54/55–58 cm | Mützenumfang: 49/56 cm | Höhe: 28/30,5 cm

Hinweis: Die Angaben für die beiden Größen sind durch einen Schrägstrich getrennt. Steht nur eine Angabe, gilt diese für beide Größen.

MATERIAL

Lang Yarns Merino+ (LL 90 m/50 g) in Ziegel (Fb 187), 50 g

Rundstricknadel 4,5 mm, mind. 40 cm lang | evtl. Nadelspiel 4,5 mm (für die Mützenspitze)

Maschenmarkierer | Wollnadel

MASCHENPROBE

1 Rapport im falschen Zopfmuster mit Nd 4,5 mm über 12 M in Rd = ca. 7 cm breit

RIPPENMUSTER

2 M rechts, 2 M links im Wechsel str.

FALSCHES ZOPFMUSTER

In allen Rd nach Strickschrift 1 str. Den Rapport von 12 M sowie die 1.-16. Rd fortlaufend wdh.

ABNAHMEN

Die Abnahmen für die Mützenspitze nach Strickschrift 2 arb. Den Rapport von zu Beginn 12 M fortlaufend wdh, dabei wie gezeichnet abnehmen. Die 1.-29. Rd 1x str.

2 MASCHEN RECHTS ÜBERZOGEN ZUSAMMENSTRICKEN

1 M wie zum Rechtsstr abheben, die nächste M rechts str, dann die abgehobene M überziehen.

3 MASCHEN MIT AUFLIEGENDER MITTELMASCHE ZUSAMMENSTRICKEN

2 M gleichzeitig wie zum Rechtsstr abheben, 1 M rechts str, dann die beiden abgehobenen M überziehen. Es wurden 2 M abgenommen.

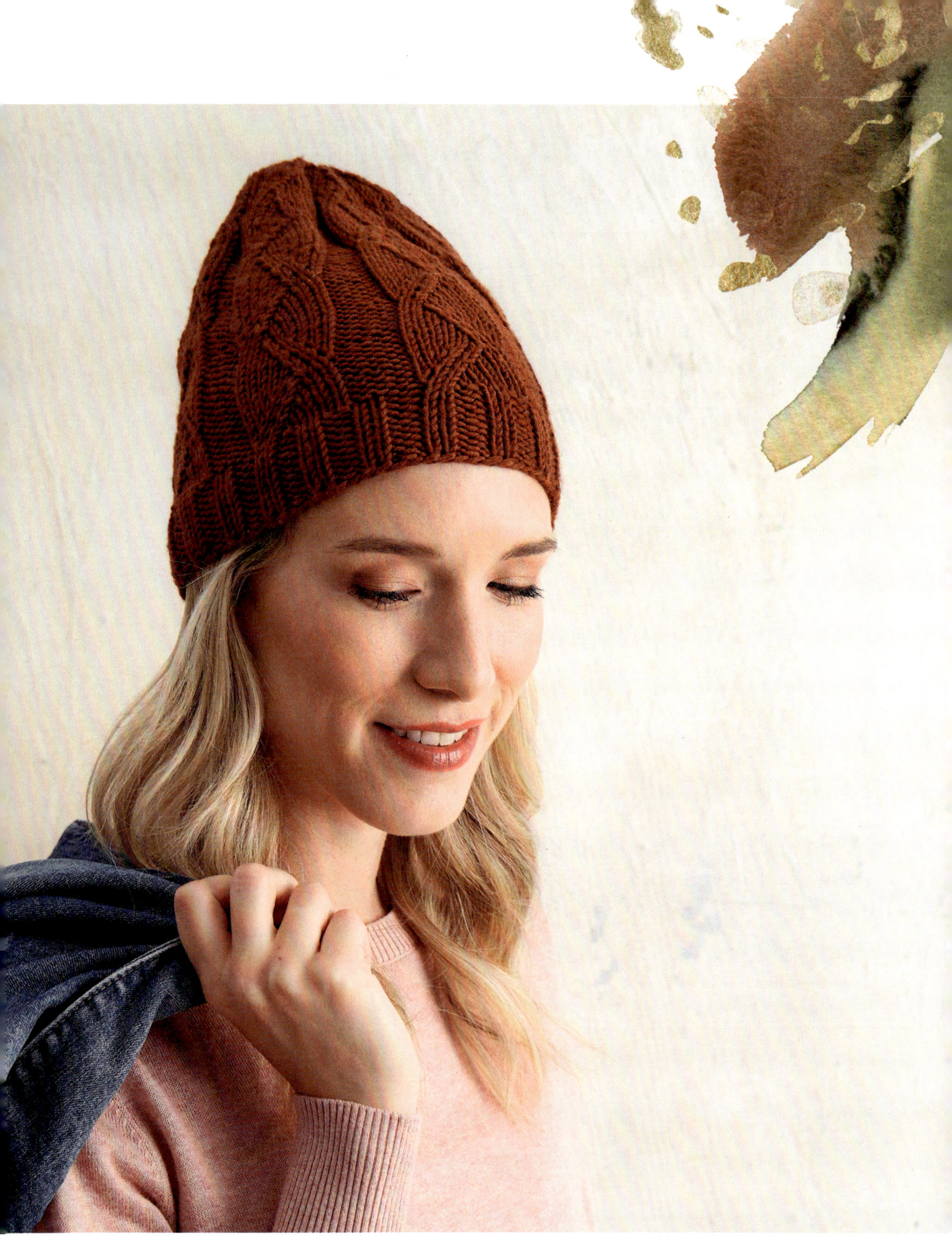

ANLEITUNG

Die Mütze wird in Rd im falschen Zopfmuster gestrickt. Das Besondere an diesem Zopfmuster ist, dass es nur aus einfachen Abnahmen bzw. Zunahmen besteht und keine Zopf- oder Hilfsnd benötigt wird.

BÜNDCHEN

Mit einer elastischen Anschlagmethode 84/96 M anschl. Hierfür eignet sich neben dem Kreuzanschlag besonders gut der altnorwegische M-Anschlag (auch German Twist Cast-On genannt). Nun für das Bündchen 10 Rd im Rippenmuster str.

HAUPTTEIL

Vorbereitungs-Rd: * 8 M rechts, 4 M links, ab * fortlaufend wdh.

Nun im falschen Zopfmuster nach der Strickschrift arb:

Für Kopfumfang 51–54 cm die 1.-16. Rd des falschen Zopfmusters 2x str, dann noch 1x die 1.-8. Rd arb.

Für Kopfumfang 55–58 cm zunächst die 9.-16. Rd 1x str, dann die 1.-16. Rd 2x arb, anschließend noch die 1.-8. Rd 1x str.

ABNAHMEN

Nun die Abnahmen nach Strickschrift 2 arb, die 1.–20. Rd 1x str.

Dann den Faden lang abschneiden und mit der Wollnd durch die restlichen 14/16 M ziehen, gut festziehen und den Faden vernähen.

FERTIGSTELLEN

Alle Fäden vernähen. Die Mütze waschen und den Maßen entsprechend spannen, z. B. auf einem Handtuch oder über einem Ballon.

STRICKSCHRIFT 1:
FALSCHES ZOPFMUSTER

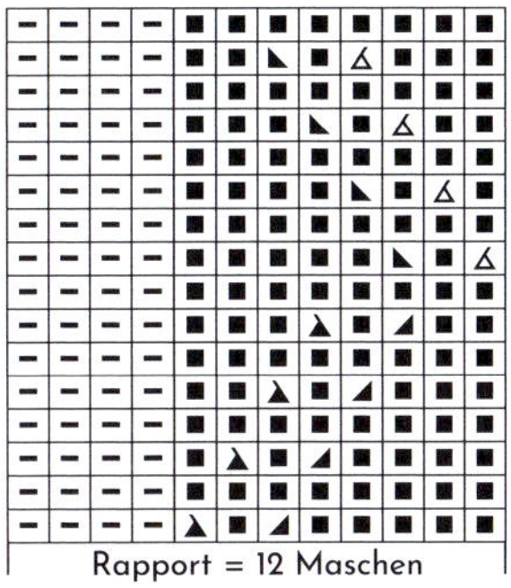

STRICKSCHRIFT 2: ABNAHMEN

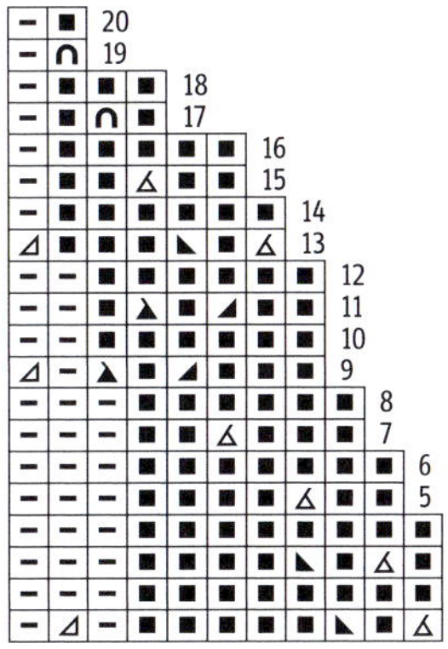

■ = 1 Masche rechts

– = 1 Masche links

◢ = 2 Maschen rechts zusammenstricken

◣ = 2 Maschen rechts überzogen zusammenstricken: 1 Masche wie zum Rechtsstricken abheben, die nächste Masche rechts stricken und die abgehobene Masche überziehen

⊿ = 2 Maschen links zusammenstricken

▲ = 1 linksgeneigte Zunahme: Mit der rechten Nadel von der Rückseite her den Maschenkopf der Masche auffassen, die sich in der Vorreihe unter der als Nächstes zu strickenden Masche befindet. Diesen rechts verschränkt abstricken, dann die Masche selbst mustergemäß stricken

« = 1 rechtsgeneigte Zunahme: Mit der linken Nadel von der Rückseite her den Maschenkopf der Masche auffassen, die sich in der Vorreihe unter der soeben gestrickten Masche befindet und diesen rechts abstricken

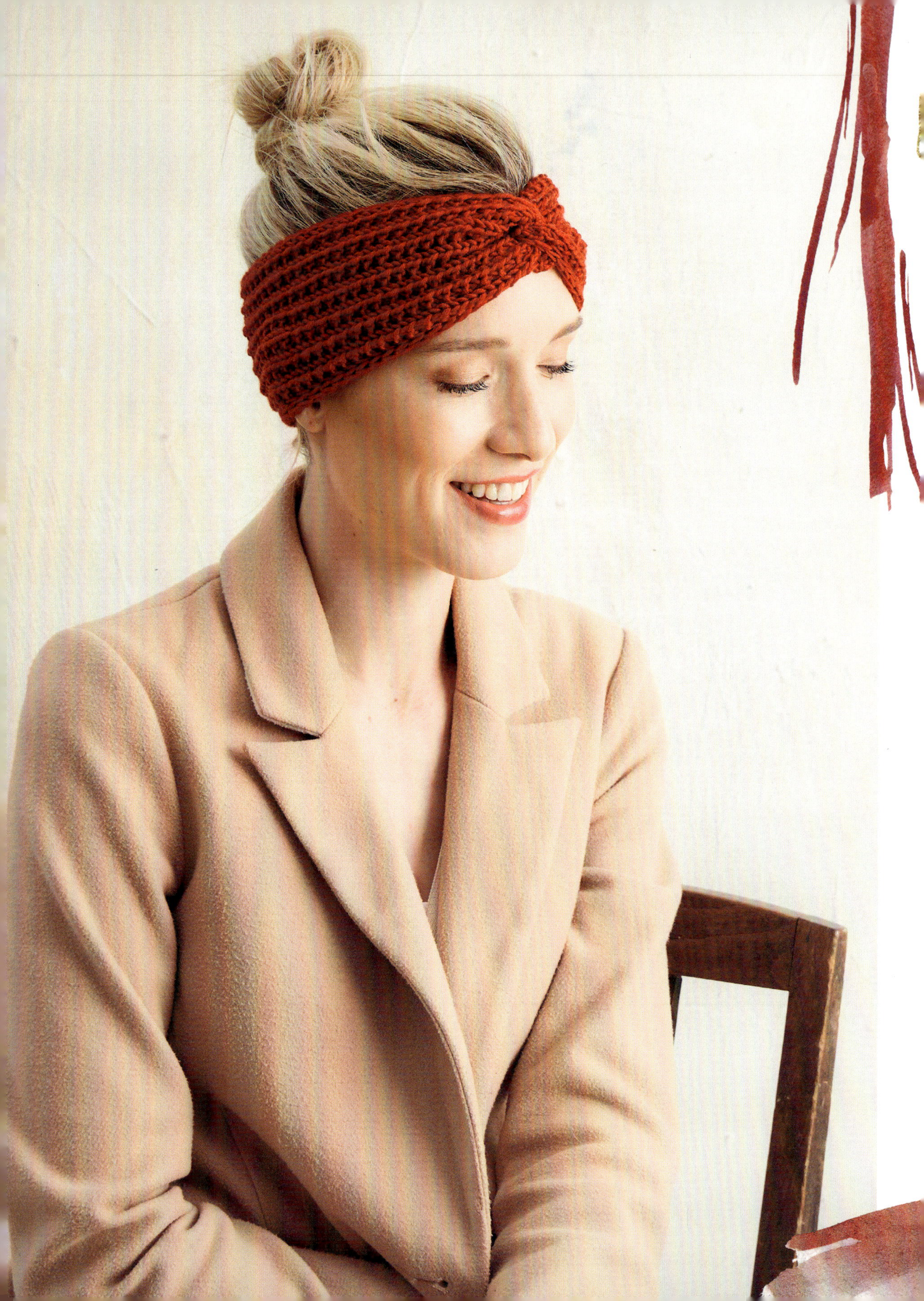

RUBIN

STIRNBAND IM ACKERFURCHENMUSTER

SCHWIERIGKEITSGRAD 1

GRÖSSE

Kopfumfang: 51–54/55–58 cm | Breite: 10 cm

Hinweis: Die Angaben für die beiden Größen sind durch einen Schrägstrich getrennt. Steht nur eine Angabe, gilt diese für beide Größen.

MATERIAL

Lang Yarns Merino+ (LL 90 m/50 g) in Chianti (Fb 87), 50 g
Rundstricknadel 5,5 mm, 40 cm lang | Wollnadel

MASCHENPROBE

Im Ackerfurchenmuster mit Nd 5,5 mm 24 M und 26 R = 10 cm x 10 cm

ACKERFURCHENMUSTER

In Hinr und Rückr 2 M rechts, 1 M links im Wechsel str.

I-CORD-RAND

In jeder R die ersten 3 M rechts str und die letzten 3 M wie zum Linksstr abheben, dabei den Faden vor der M weiterführen.

ANLEITUNG

27 M anschl und im Ackerfurchenmuster str, dabei am Anfang und am Ende jeder R den I-Cord-Rand arb. In 48/52 cm Höhe (= 120/130 R) alle M locker abk.
Die beiden Enden jeweils in der Mitte falten, versetzt ineinanderlegen und zusammennähen.

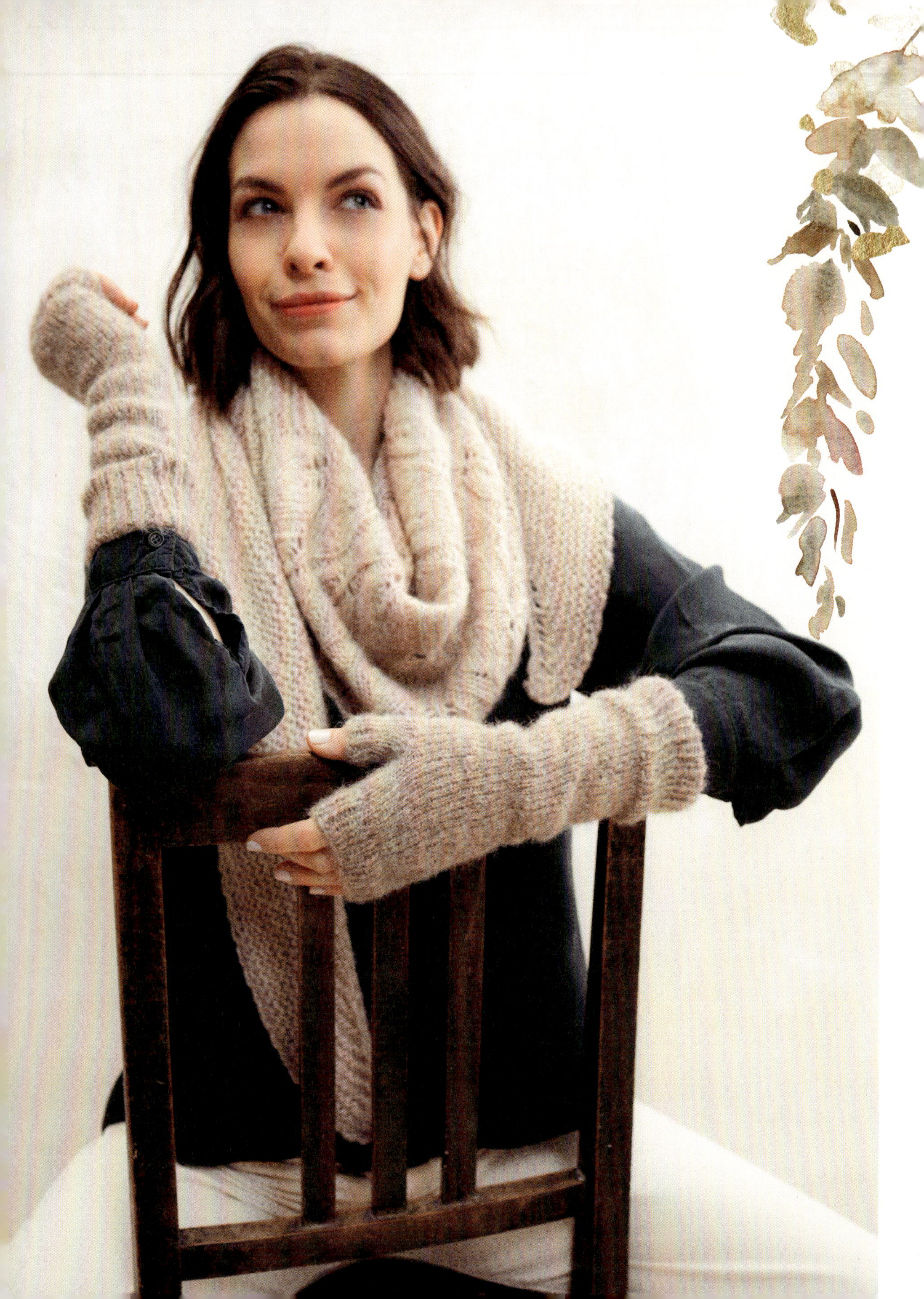

BISQUIT

STULPEN GANZ KLASSISCH

SCHWIERIGKEITSGRAD 1

GRÖSSE

XS-S/M-L/XL-2XL

Umfang: ca. 16/17/18/19 cm

Länge: Nach Wunsch können die Stulpen kurz oder lang gestrickt werden.

Hinweis: Die Angaben für die einzelnen Größen stehen hintereinander, jeweils durch Schrägstriche getrennt. Steht nur eine Angabe, gilt diese für alle Größen.

MATERIAL

Lang Yarns Malou Light (LL ca. 190 m/50 g) in Beige (Fb 26), 50/60/70 g

Nadelspiel 3,5 mm | Wollnadel | Hilfsfaden in Kontrastfarbe

MASCHENPROBE

Glatt rechts mit Nd 3,5 mm 26 M und 32 R = 10 cm x 10 cm

RIPPENMUSTER

1 M rechts, 1 M links im Wechsel str.

GLATT RECHTS

In Rd alle M rechts str.

ANLEITUNG

Die Armstulpen werden in Rd gestrickt. Dabei werden sie mit einem Bündchen begonnen und beendet. Der Schaft wird glatt rechts gestrickt und der Daumen eingearbeitet.

START

40/44/50 M anschl, zur Rd schließen und 6 cm im Rippenmuster str.
Anschließend 16,5 cm glatt rechts in Rd str. Die Höhe der Stulpen kann hier individuell angepasst werden. Ist die gewünschte Höhe erreicht, wird der Daumen gearbeitet.

MASCHENEINTEILUNG

Einen ca. XX cm langen Hilfsfaden in Kontrastfarbe bereitlegen.
Nun die M wie folgt einteilen:
GRÖSSE XS-S: 20 M für den Handrücken, 8 M für den Daumen, die restlichen 12 M für die Handfläche.
GRÖSSE M-L: 22 M für den Handrücken, 9 M für den Daumen, die restlichen 13 M für den Handrücken.
GRÖSSE XL-2XL: 25 M für den Handrücken, 10 M für den Daumen, die restlichen 15 M für die Handfläche.
Die M beim Stricken so verteilen, dass die M für die Handfläche auf 2 Nd, die M für den Daumen auf 1 Nd und die M für die Handfläche ebenfalls auf 1 Nd liegen.
Das M am Handrücken rechts str bis zu der Nd, auf der die M für den Daumen sind.
Die 1. M der Nd rechts str, die nächsten 6/7/8 M der Nd mit dem Hilfsfaden rechts str, die letzte M bleibt ungestrickt auf der Nd.
Die mit dem Hilfsfaden gestrickten 6/7/8 M zurück auf die linke Nd legen.
Nun den Arbeitsfaden wieder aufnehmen und alle M rechts str. 4/4,5/5 cm glatt rechts in Rd str. Dann 2/2,5/3 cm im Rippenmuster str. Alle M abk.

DAUMEN

Mithilfe einer Wollnd M für M den Hilfsfaden herausziehen und mit 1 Spielnd die M unterhalb des Hilfsfadens aufnehmen, mit einer 2. Spielnd die M oberhalb des Hilfsfadens aufnehmen, dann den Hilfsfaden herausziehen. Nun die M auf 4 Spielnd verteilen und über alle M 2,5/3/3,5 cm in Rd glatt rechts str. Dann noch 1 cm im Rippenmuster str. Die M abk.

ZWEITE STULPE

Die zweite Stulpe ebenso str.
Der Daumen wird spiegelverkehrt gestrickt.

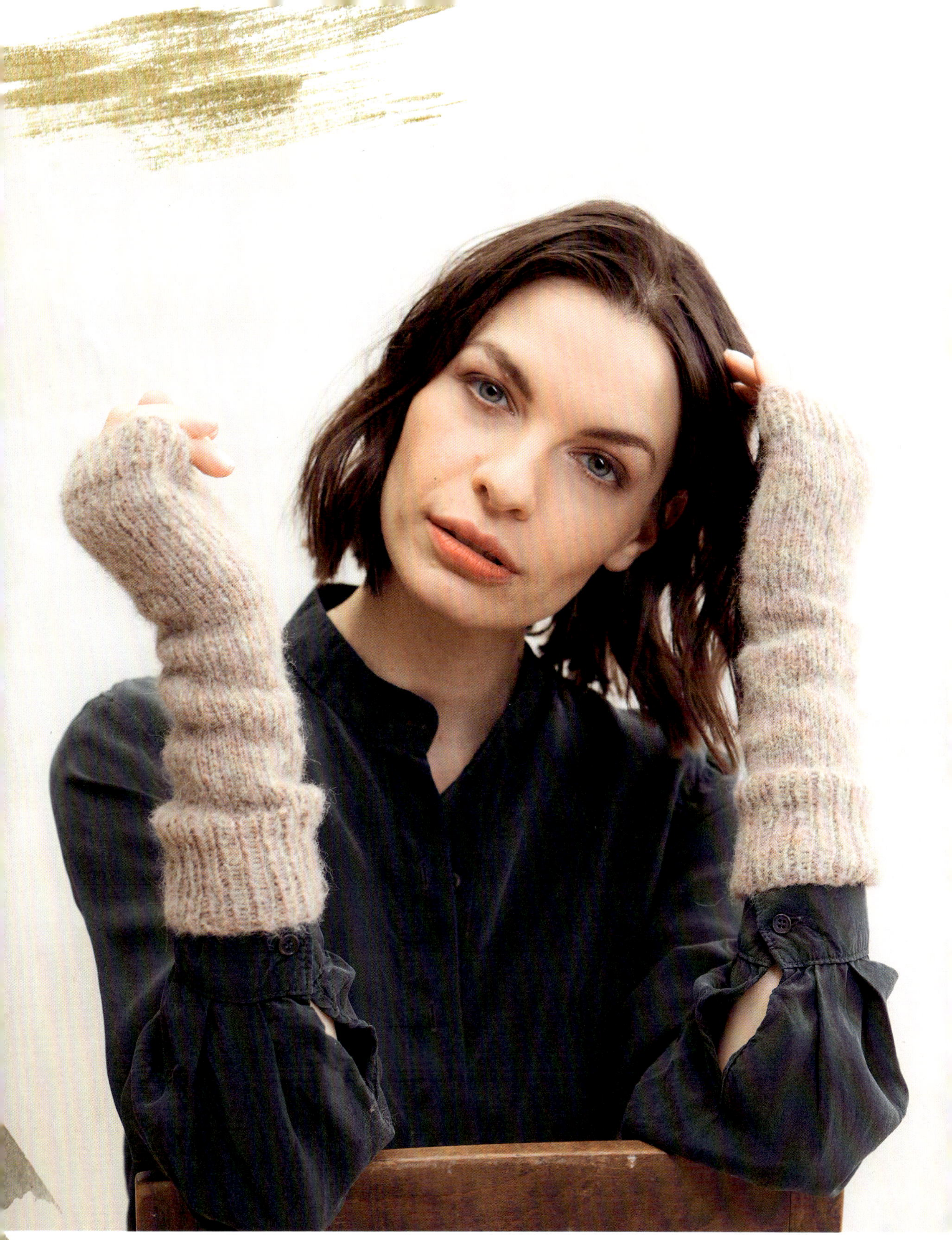

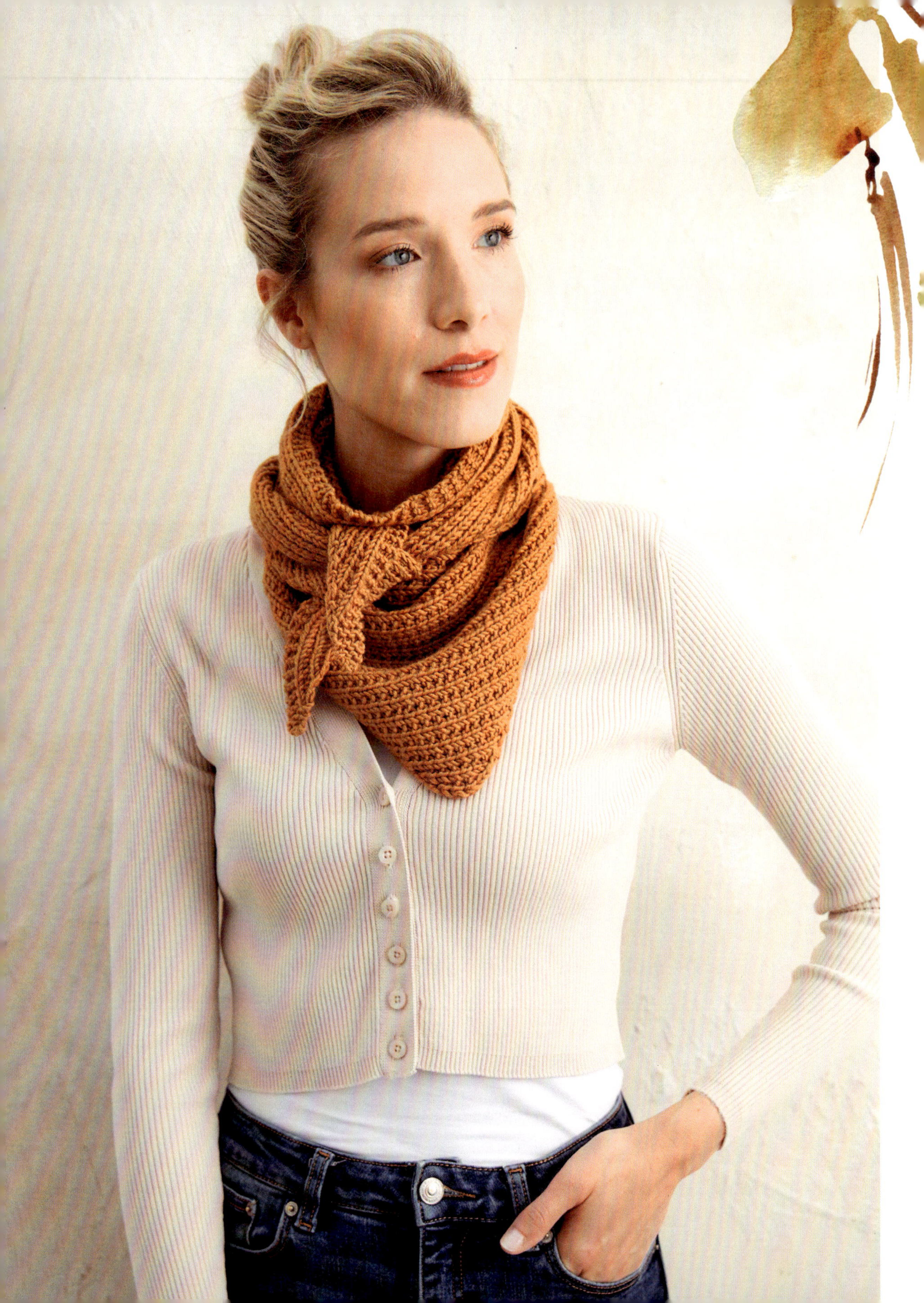

HONIG

BANDANA IM GEBROCHENEN RIPPENMUSTER

SCHWIERIGKEITSGRAD 2

GRÖSSE

Länge: 146 cm | Höhe: 37 cm

MATERIAL

Lang Yarns Merino+ (LL 90 m/50 g) in Cognac (Fb 211), 200 g
Rundstricknadel 5,0 mm | Wollnadel

MASCHENPROBE

Im gebrochenen Rippenmuster mit Nd 5,0 mm 21 M und 23 R = 10 cm x 10 cm

KRAUS RECHTS

In Hin- und Rückr rechte M str.

GEBROCHENES RIPPENMUSTER

Hinr: 1 M rechts, 1 M links im Wechsel str.
Rückr: Alle M links str.

RANDMASCHEN

In der Hinr die letzten 3 M und in der Rückr die ersten 3 M rechts str.
Nur in der ersten Hinr werden einmalig 2 Rdm gestrickt.

1 MASCHE AUS DEM QUERFADEN ZUNEHMEN

1 rechte M linksgeneigt zunehmen: Den Querfaden zwischen 2 M von vorn auf die linke Nd-Spitze nehmen und mit der rechten Nd rechts verschränkt str.
1 linke M linksgeneigt zunehmen: Den Querfaden zwischen 2 M von vorn auf die linke Nd-Spitze nehmen und mit der rechten Nd links verschränkt str.

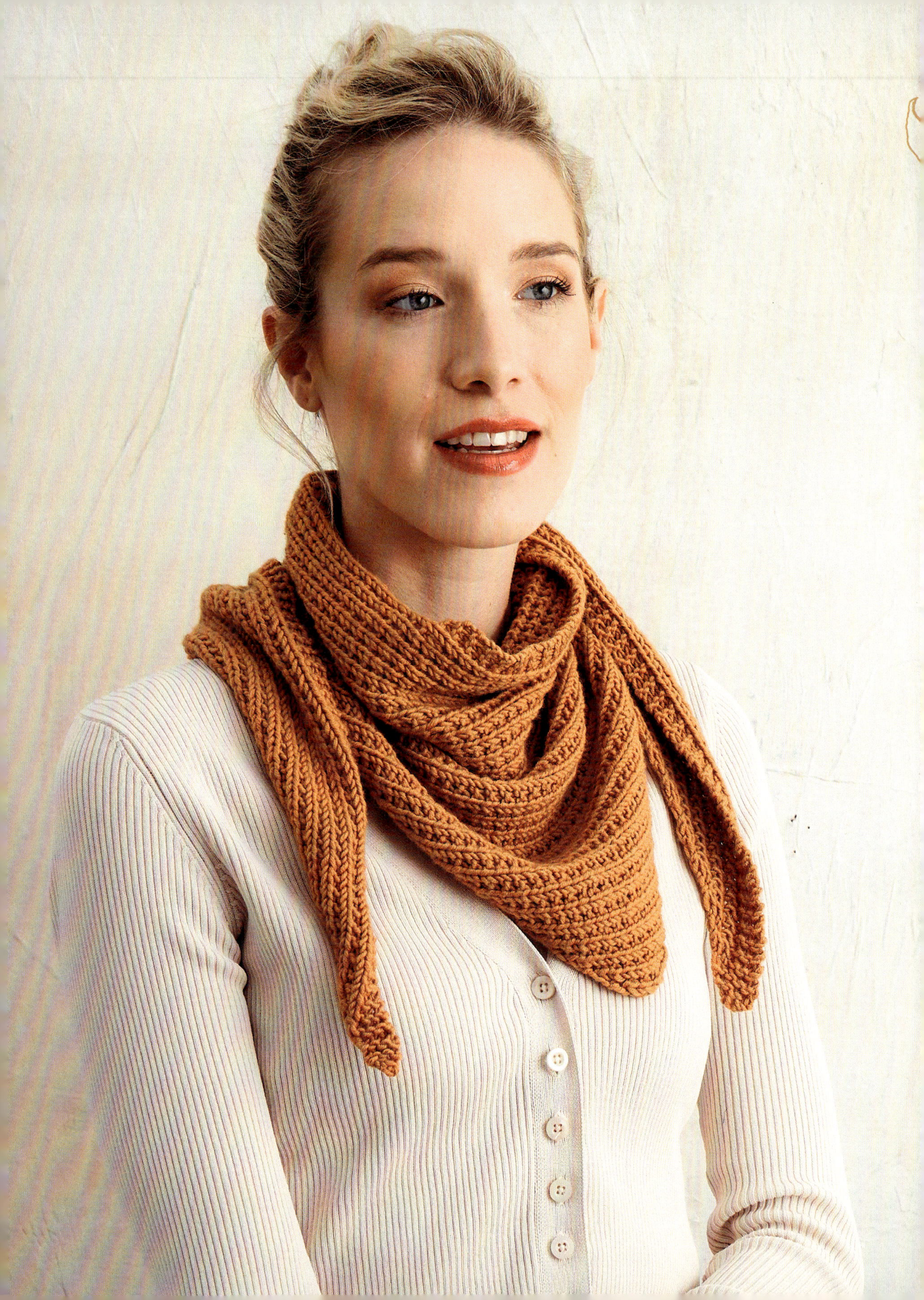

ANLEITUNG

3 M anschl und 2 R kraus rechts str.

Nächste R (Hinr): 1 M rechts str, 1 rechte M linksgeneigt zunehmen, 2 Rdm.

Nächste R (Rückr): Alle M rechts str.

Nun wie folgt str und dabei in den Hinr zunehmen:

1. R (Hinr): 1 M rechts str, 1 linke M linksgeneigt zunehmen, im gebrochenen Rippenmuster str bis 3 M vor R-Ende, 3 Rdm.

2. R (Rückr): 3 Rdm, alle M links str.

3. R (Hinr): 1 M rechts str, 1 rechte M linksgeneigt zunehmen, 1 M links, im gebrochenen Rippenmuster str bis 3 M vor R-Ende, 3 Rdm.

4. R (Rückr): 3 Rdm, alle M links str.

Die 1.-4. R fortlaufend wdh, bis 75 M auf der Nd liegen:

Nun 4 R ohne Zunahmen im gebrochenen Rippenmuster arb.

Dann wie folgt str und dabei in den Hinr abnehmen:

1. R (Hinr): 1 M rechts str, 2 M rechts zusammenstr, 1 M links str, im gebrochenen Rippenmuster str bis 3 M vor R-Ende, 3 Rdm.

2. R (Rückr): 3 Rdm, alle M links str.

3. R (Hinr): 1 M rechts str, 2 M links verschränkt zusammenstr, im gebrochenen Rippenmuster str bis 3 M vor R-Ende, 3 Rdm.

4. R (Rückr): 3 Rdm, alle M links str.

Die 1.-4. R fortlaufend wdh, bis nur noch 5 M auf der Nd liegen.

Nun weiter wie folgt abnehmen:

Nächste R (Hinr): 2 M rechts zusammenstr, 3 M rechts str (= 4 M).

Nächste R (Rückr): Alle M rechts str.

Nächste R (Hinr): 2 M rechts zusammenstr, 2 M rechts str (= 3 M).

Alle M abk.

FERTIGSTELLEN

Das Bandana waschen und in Form ziehen, dadurch wird es noch etwas größer.

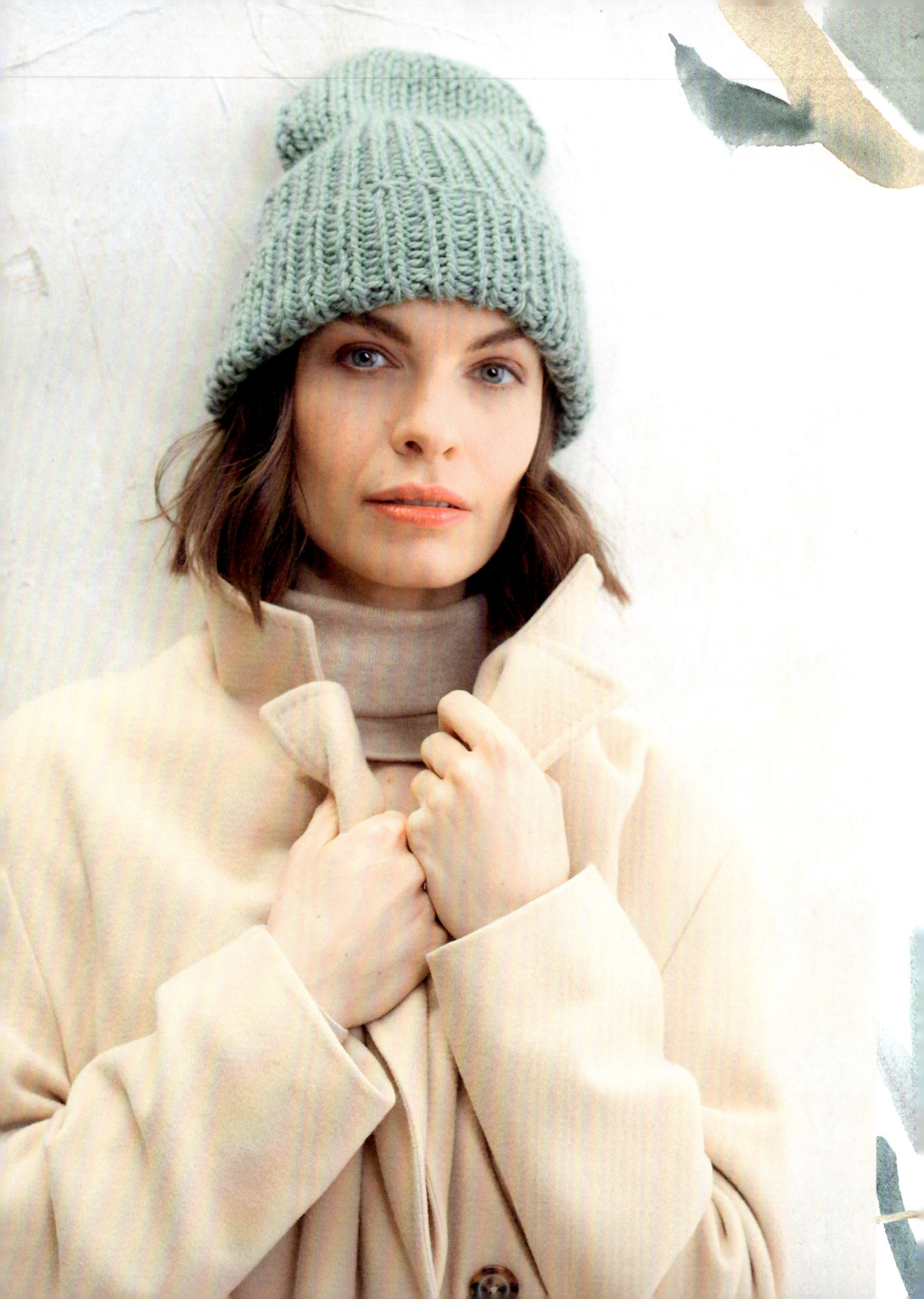

SALBEI
MÜTZE IM RIPPENMUSTER

SCHWIERIGKEITSGRAD 1

GRÖSSE

Kopfumfang 51-54 cm/55-58 cm

Hinweis: Die Angaben für die beiden Größen sind durch einen Schrägstrich getrennt. Steht nur eine Angabe, gilt diese für beide Größen.

MATERIAL

Wooladdicts Glory (LL 70 m/50 g) in Sage (Fb 92), 100 g

Nadelspiel 7,0 mm oder Rundstricknadel 7,0 mm, 40 cm lang | Wollnadel

MASCHENPROBE

Im 1/1-Rippenmuster mit Nd 7,0 mm 18 M und 17 R = 10 cm x 10 cm

RIPPENMUSTER

1 M rechts, 1 M links im Wechsel str.

3 MASCHEN MIT AUFLIEGENDER MITTELMASCHE ZUSAMMENSTRICKEN

2 M gleichzeitig wie zum Rechtsstr abheben, 1 M rechts str, dann die beiden abgehobenen M überziehen. Es wurden 2 M abgenommen.

ANLEITUNG

56/60 M anschl, zur Rd schließen und in Rd im Rippenmuster str.

Nach 40/45 Rd ab Anschlag mit den Abnahmen beginnen, dabei weiter im Rippenmuster arb.

Für Kopfumfang 51–54 cm die Abnahmen wie folgt str:

41. Rd: 12 M str, 3 M mit aufliegender Mittel-M zusammenstr, 25 M str, 3 M mit aufliegender Mittel-M zusammenstr, 13 M str (= 52 M).

42. Rd und alle weiteren geraden Rd (wenn nicht anders angegeben): Im Rippenmuster ohne Abnahmen str.

43. Rd: 11 M str, 3 M mit aufliegender Mittel-M zusammenstr, 23 M str, 3 M mit aufliegender Mittel-M zusammenstr, 12 M str (= 48 M).

45. Rd: 10 M str, 3 M mit aufliegender Mittel-M zusammenstr, 21 M str, 3 M mit aufliegender Mittel-M zusammenstr, 11 M str (= 44 M).

47. Rd: 9 M str, 3 M mit aufliegender Mittel-M zusammenstr, 19 M str, 3 M mit aufliegender Mittel-M zusammenstr, 10 M str (= 40 M).

49. Rd: 8 M str, 3 M mit aufliegender Mittel-M zusammenstr, 17 M str, 3 M mit aufliegender Mittel-M zusammenstr, 9 M str (= 36 M).

51. Rd: 7 M str, 3 M mit aufliegender Mittel-M zusammenstr, 15 M str, 3 M mit aufliegender Mittel-M zusammenstr, 8 M str (= 32 M).

52. Rd: Fortlaufend 2 M rechts zusammenstr (= 16 M).

Für Kopfumfang 55–58 cm die Abnahmen wie folgt str:

46. Rd: 13 M str, 3 M mit aufliegender Mittel-M zusammenstr, 27 M str, 3 M mit aufliegender Mittel-M zusammenstr, 14 M str (= 56 M).

47. Rd und alle weiteren ungeraden Rd (wenn nicht anders angegeben): Im Rippenmuster ohne Abnahmen str.

48. Rd: 12 M str, 3 M mit aufliegender Mittel-M zusammenstr, 25 M str, 3 M mit aufliegender Mittel-M zusammenstr, 13 M str (= 52 M).

49. Rd: Im Rippenmuster ohne Abnahmen str.

50. Rd: 11 M str, 3 M mit aufliegender Mittel-M zusammenstr, 23 M str, 3 M mit aufliegender Mittel-M zusammenstr, 12 M str (= 48 M).

51. Rd: Im Rippenmuster ohne Abnahmen str.

52. Rd: 10 M str, 3 M mit aufliegender Mittel-M zusammenstr, 21 M str, 3 M mit aufliegender Mittel-M zusammenstr, 11 M str (= 44 M).

53. Rd: Im Rippenmuster ohne Abnahmen str.

54. Rd: 9 M str, 3 M mit aufliegender Mittel-M zusammenstr, 19 M str, 3 M mit aufliegender Mittel-M zusammenstr, 10 M str (= 40 M).

55. Rd: Im Rippenmuster ohne Abnahmen str.

56. Rd: 8 M str, 3 M mit aufliegender Mittel-M zusammenstr, 17 M str, 3 M mit aufliegender Mittel-M zusammenstr, 9 M str (= 36 M).

57. Rd: Im Rippenmuster ohne Abnahmen str.

58. Rd: 7 M str, 3 M mit aufliegender Mittel-M zusammenstr, 15 M str, 3 M mit aufliegender Mittel-M zusammenstr, 8 M str (= 32 M).

59. Rd: Fortlaufend 2 M rechts zusammenstr (= 16 M).

Den Faden abschneiden und mit einer Wollnd 2x durch die restlichen M auf der Nd ziehen, gut festziehen und den Faden vernähen.

Den Bund der Mütze einmal großzügig umschlagen.

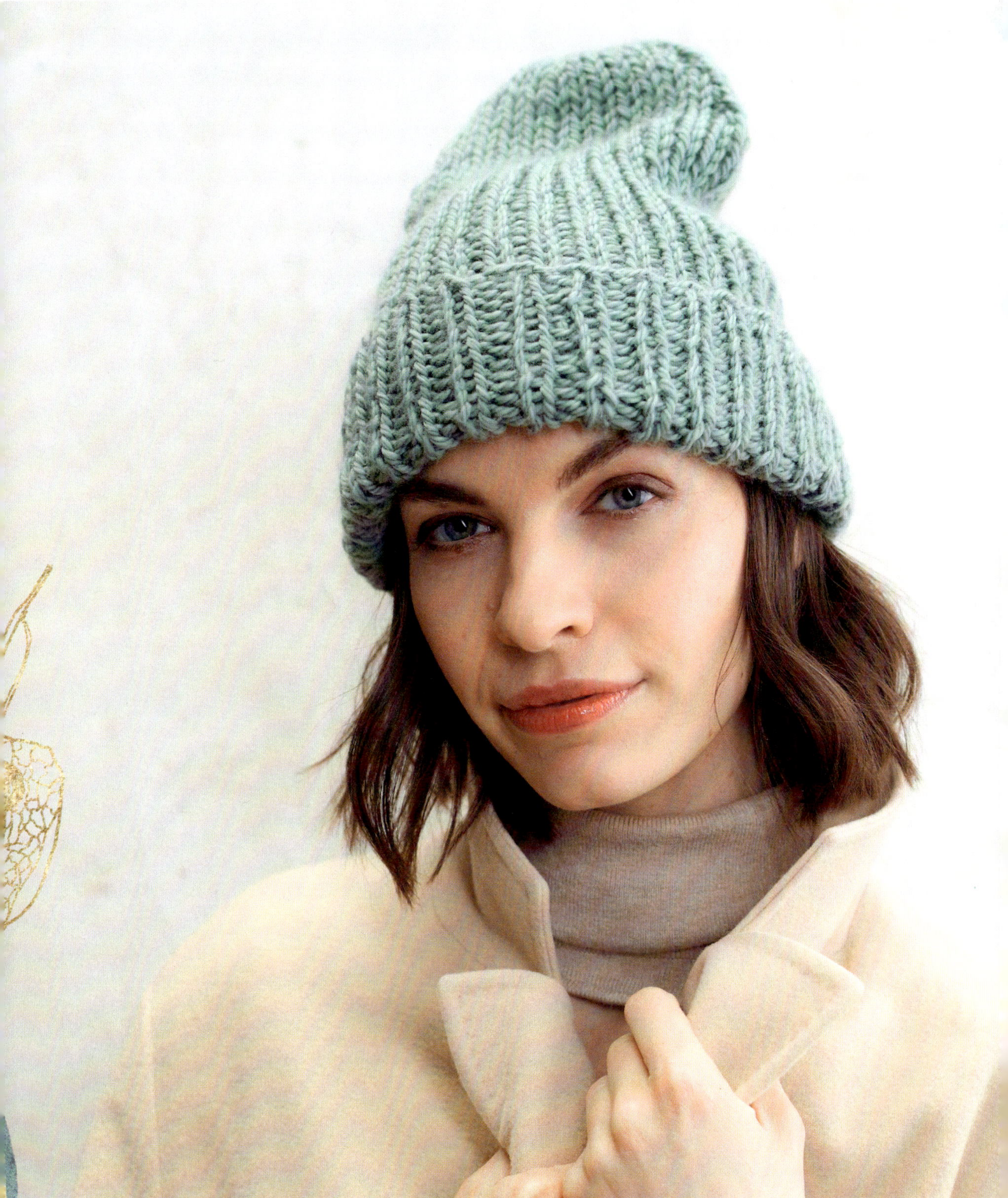

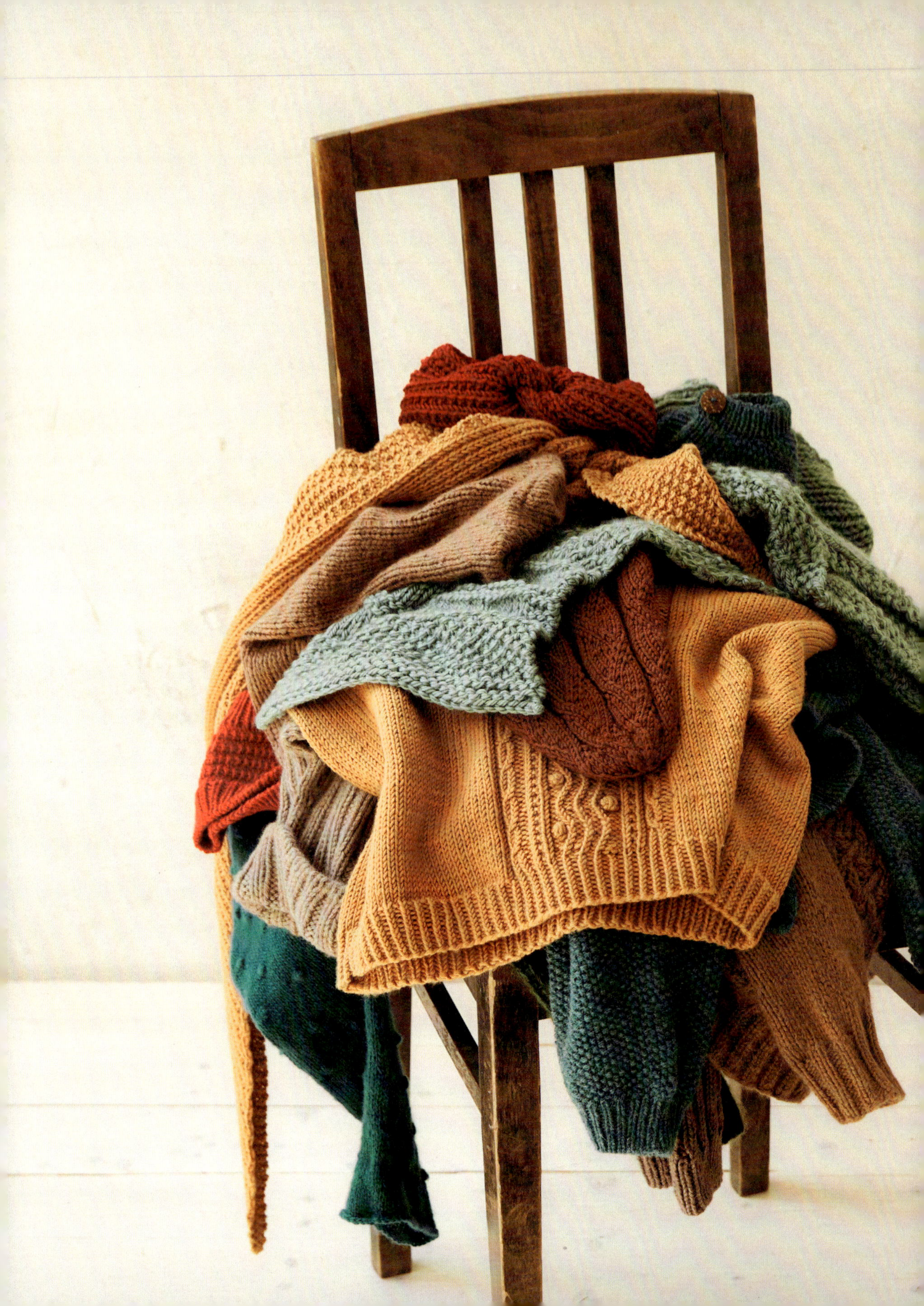

GRUND LAGEN

ITALIENISCHER ANSCHLAG

Eine einfache oder die verschränkte Grundschlinge arbeiten. Die Grundschlinge so positionieren, dass das Fadenende noch mindestens 3x so lang ist wie die Anschlagbreite.

1 Den Arbeitsfaden über den ausgestreckten Zeigefinger und das Fadenende über den ausgestreckten Daumen der linken Hand legen, beide Fäden mit den übrigen Fingern halten und spannen. Die Nadel befindet sich in der Mitte des zwischen Daumen und Zeigefinger gespannten Fadens.

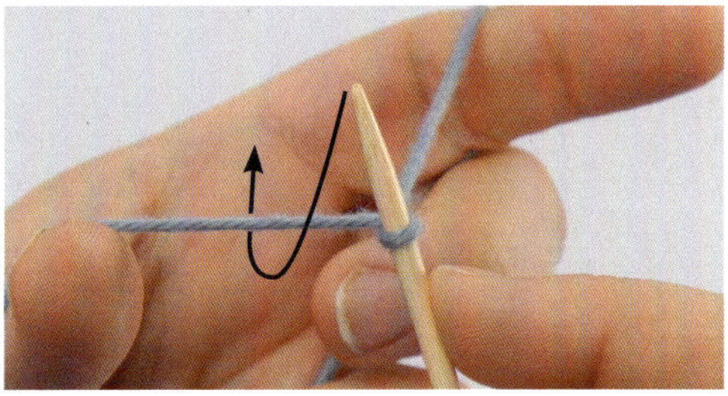

2 Die Nadelspitze in Pfeilrichtung unter dem inneren Daumenfaden durchführen.

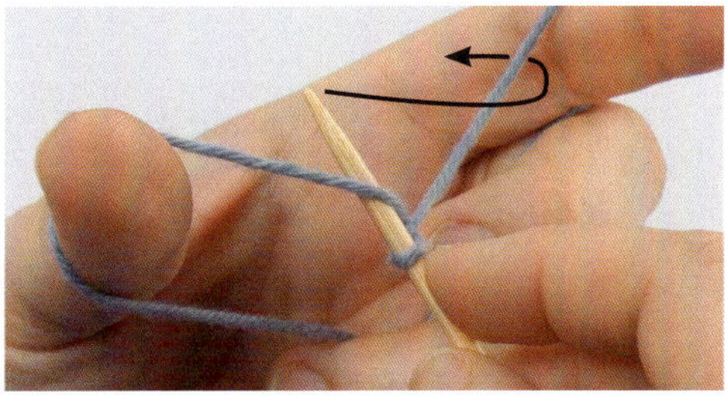

3 Den Zeigefingerfaden in Pfeilrichtung von rechts nach links erfassen und unter dem Daumenfaden durchziehen.

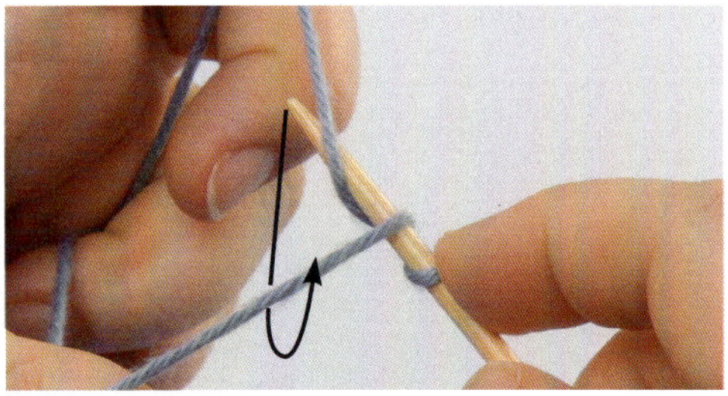

4 Die Nadel wieder in die Mitte des zwischen Daumen und Zeigefinger gespannten Fadens bringen. Die Nadelspitze in Pfeilrichtung hinter dem Zeigefingerfaden herumführen.

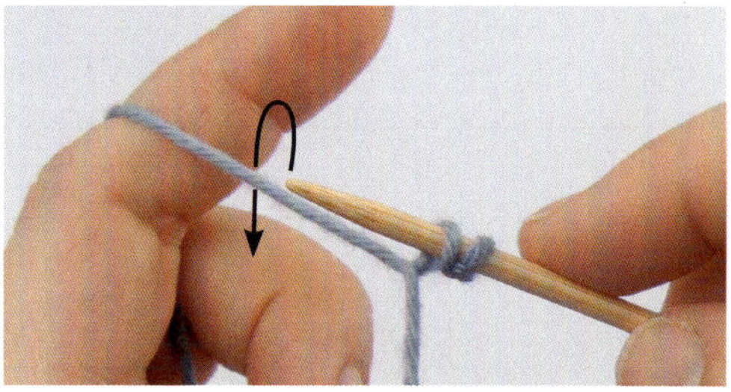

5 Den Daumenfaden in Pfeilrichtung von rechts nach links erfassen und unter dem Zeigefingerfaden nach hinten ziehen.

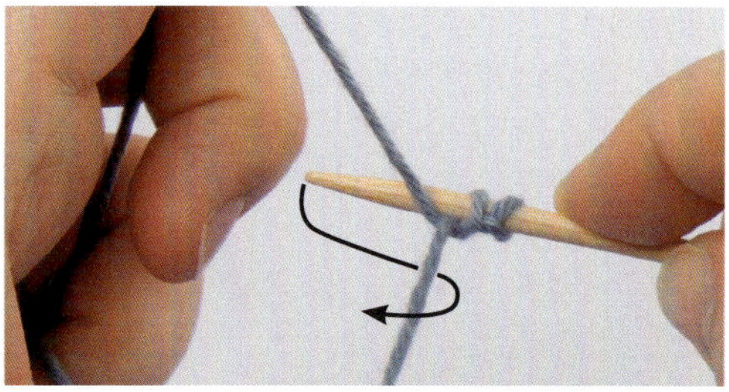

6 Den Zeigefingerfaden vor die Nadel legen.

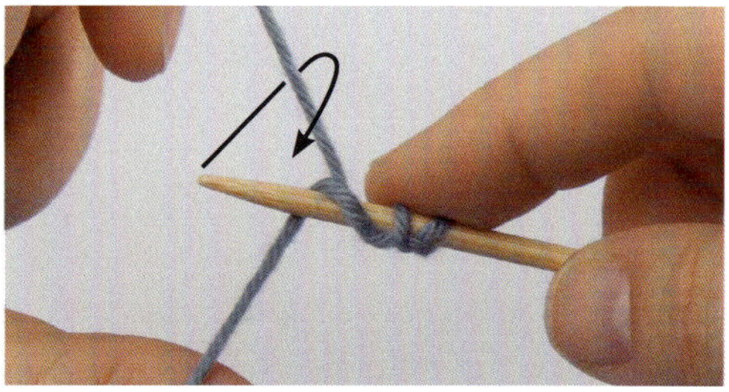

7 Die Ausgangsposition ist wieder erreicht.

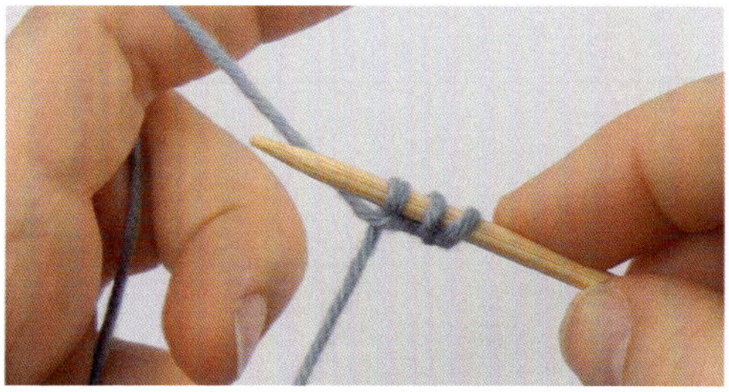

ITALIENISCHES ABNÄHEN

1/1-RIPPENMUSTER

Vorbereitungsreihen für 1/1-Rippenmuster

1. Reihe: * Rechte Maschen rechts stricken, linke Maschen mit dem Faden vor der Arbeit wie zum Linksstricken abheben, ab * fortlaufend wiederholen.

2. Reihe: * Die abgehobenen Maschen rechts stricken, die rechts gestrickten Maschen mit dem Faden vor der Arbeit wie zum Linksstricken abheben, ab * fortlaufend wiederholen.

Dann wie folgend beschrieben abnähen.

Vorbereitungsrunden bei 1/1-Rippenmuster

1. Runde: Rechte Maschen rechts stricken, linke Maschen mit dem Faden vor der Arbeit wie zum Linksstricken abheben.

2. Runde: Linke Maschen links stricken, rechte Maschen mit dem Faden hinter der Arbeit wie zum Linksstricken abheben.

Dann wie folgend beschrieben abnähen.

ABNÄHEN DES 1/1-RIPPENBÜNDCHEN

Das Abnähen beginnt mit einer rechten Masche. Bei Rippenbündchen, die mit einer linken Masche beginnen, diese vor dem Abnähen mit der folgenden rechten Masche rechts zusammenstricken.

1 In die 1. Masche der vorderen Nadel wie zum Linksstricken einstechen, in die 1. Masche der hinteren Nadel wie zum Rechtsstricken einstechen. Beide Maschen auf der Nadel lassen.

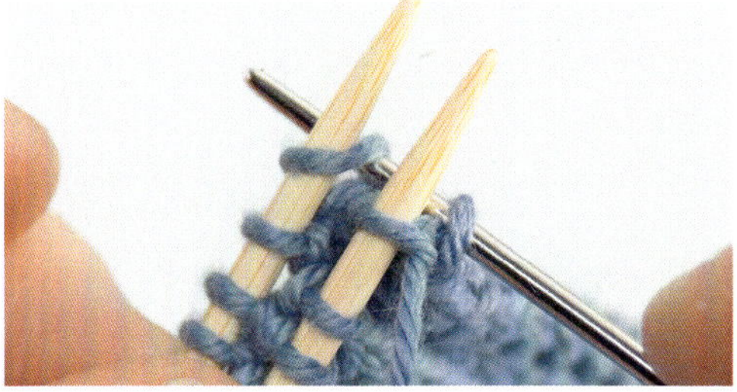

2 * Nur die vordere Nadel abnähen: Die 1. Masche wie zum Rechtsstricken abheben und in die 2. Masche wie zum Linksstricken einstechen, die Masche aber nicht abheben. Den Faden durchziehen.

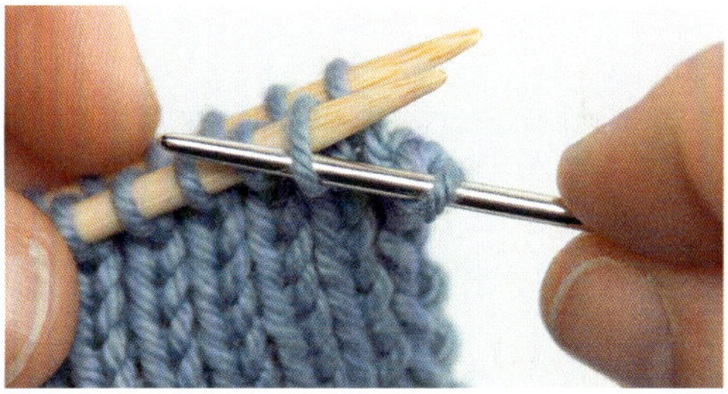

3 Nur die hintere Nadel abnähen: Die 1. Masche wie zum Linksstricken abheben und in die 2. Maschen wie zum Rechtsstricken einstechen, die Masche aber nicht abheben. Den Faden durchziehen.

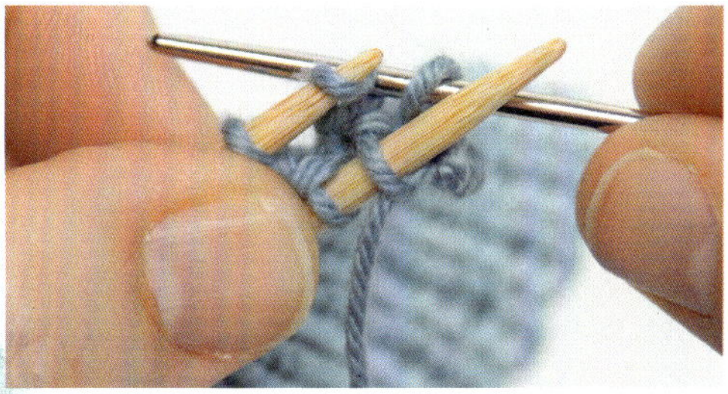

MASCHEN AUFFASSEN

AUS EINER ABKETTKANTE

Mit der Stricknadel von vorne nach hinten in die Masche unter der Abkettkante einstechen, den Faden fassen und durch die Masche ziehen. Darauf achten, in die Maschen einzustechen und nicht in die Lücken neben den Maschen!

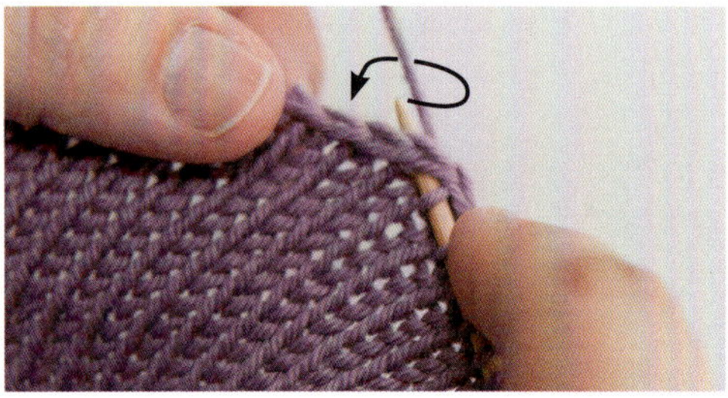

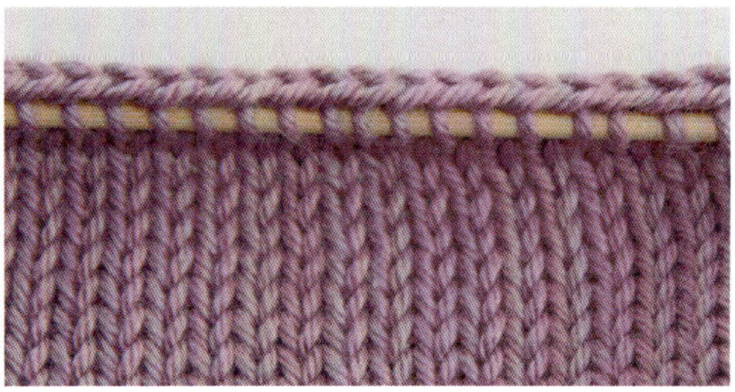

AUS EINER SEITENKANTE

Fasst man neue Maschen aus einem seitlichen Strickrand auf, stehen diese senkrecht zu den Maschen des ursprünglichen Strickteils. Daher gilt auch hier die 3-aus-4-Regel: Wenn 3 Maschen in etwa so breit wie 4 Reihen hoch sind, werden die Maschen in Dreiergruppen aufgefasst.

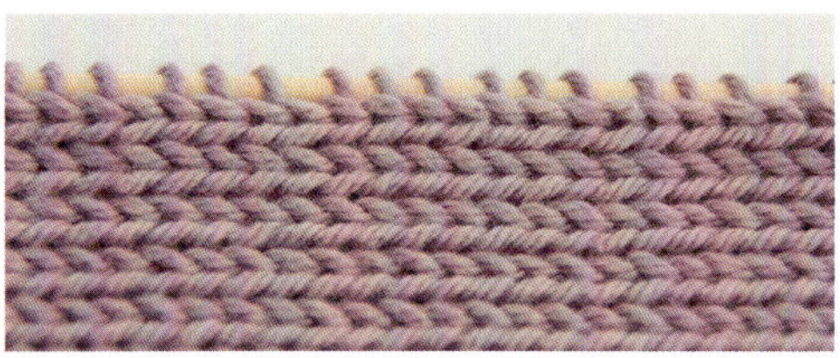

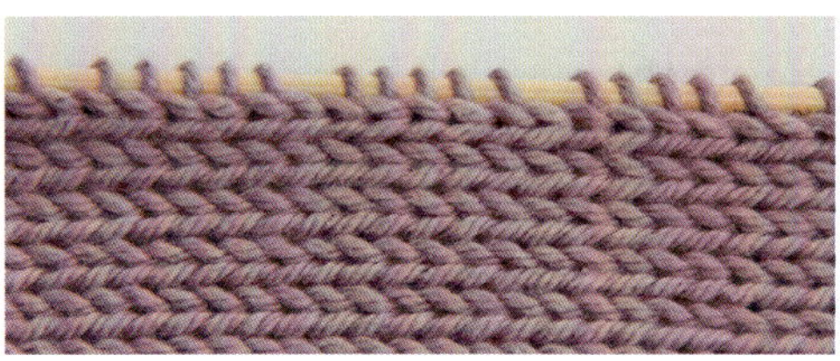

SCHRÄGE UND ABGERUNDETE KANTEN

An schrägen und abgerundeten Strickkanten kombiniert man die bisherigen Prinzipien. Aus jeder Masche also wieder 1 neue Masche, aus 4 Reihen 3 neue Maschen herausstricken und für jede Zu- oder Abnahme jeweils 1 Masche zusätzlich auffassen.

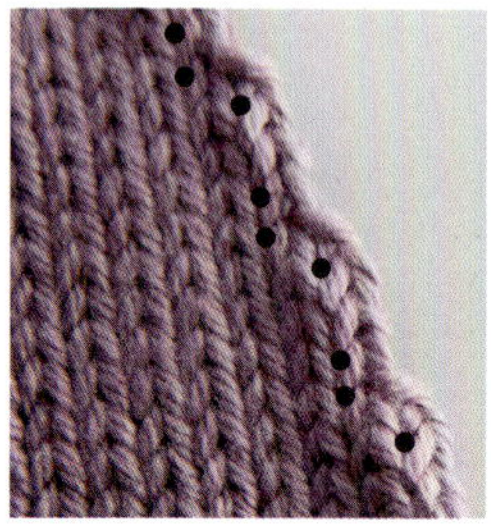

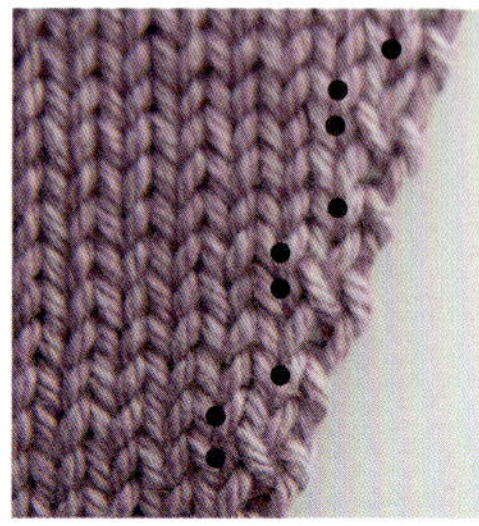

Die Maschen jeweils nach 1 vollständigen Randmasche auffassen. Zunahme- und Abnahmestellen um mindestens eine halbe Masche und eine ganze Reihe umgehen.

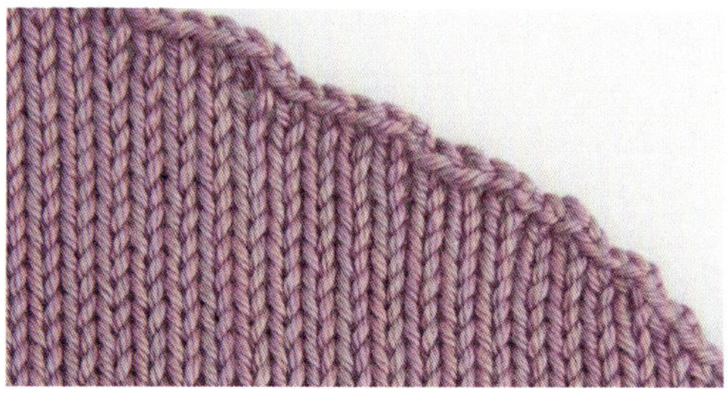

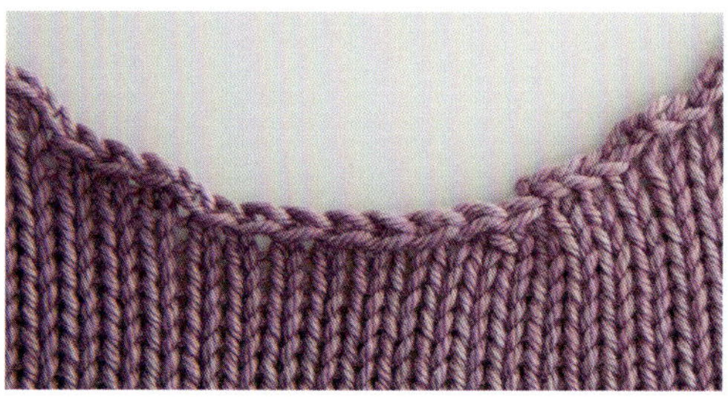

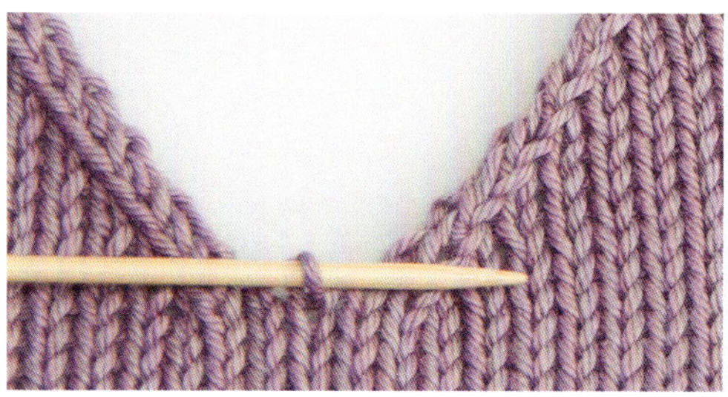

MASCHEN AUFSCHLINGEN

Um Maschen aufzuschlingen wird meist die einfache Grundschlinge gearbeitet. Die Schlingen liegen entgegengesetzt auf der Nadel, also mit dem linken Maschenschenkel vor der Nadel und dem rechten Maschenschenkel hinter der Nadel. Nach dem Abstricken der nächsten Reihe liegen die Maschen verschränkt im Maschenbild, obwohl wie zum Glatt Stricken eingestochen wird.

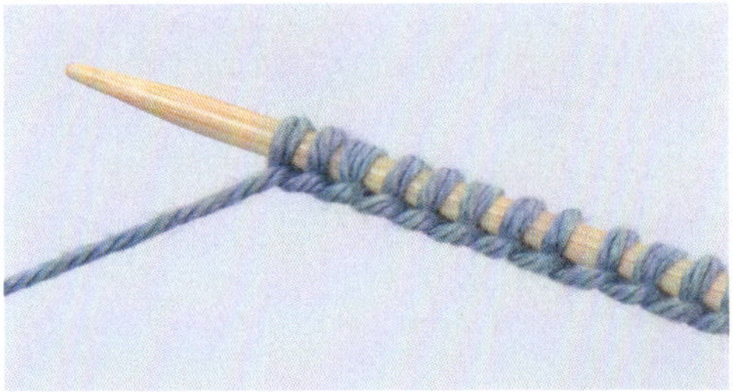

Noch besser eignet sich die verschränkte Grundschlinge, die in sich bereits stabiler ist und das Abstricken der ersten Reihe sehr viel einfacher macht.

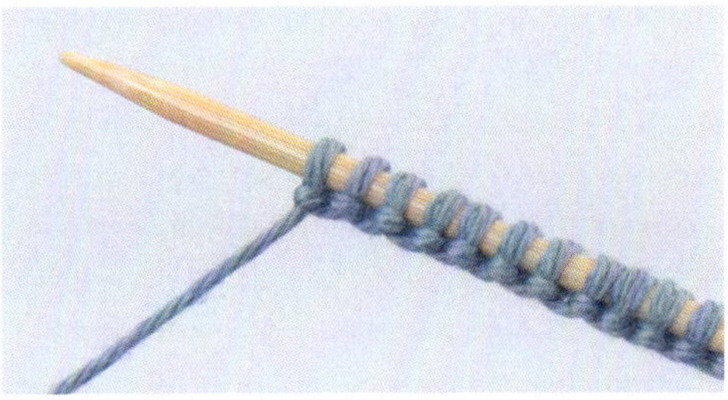

MAGIC-LOOP-TECHNIK (Zauberschlinge)

Ist der Umfang des zu strickenden Schlauchs zu gering, um die Maschen auf einer passenden Rundstricknadel zu verteilen, aber noch zu groß für ein Nadelspiel, verwendet man eine deutlich längere Rundstricknadel und zieht nach der Hälfte der Maschen eine Schlaufe des flexiblen Kunststoffseils zwischen den Maschen heraus. Diese Schlaufe wird auch als „Zauberschlinge" bezeichnet.

1 Bis zur Schlaufe stricken.

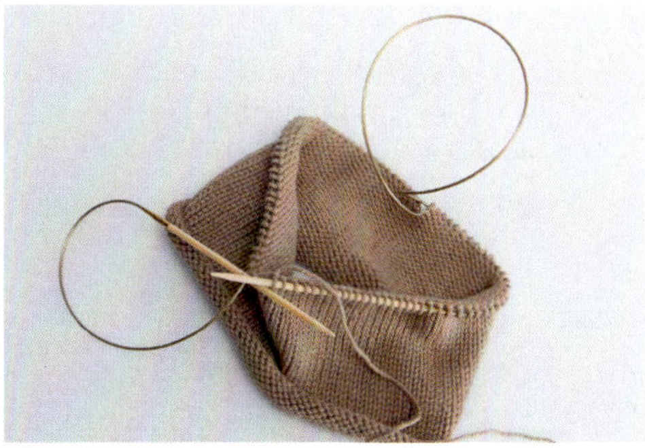

2 Die folgenden Maschen auf die linke Nadelspitze schieben, die rechte Nadelspitze ein Stück herausziehen, sodass sich das rechte Nadelseil beim Stricken der 1. Masche wieder zu einer Schlaufe legt und die 1. Masche abstricken.

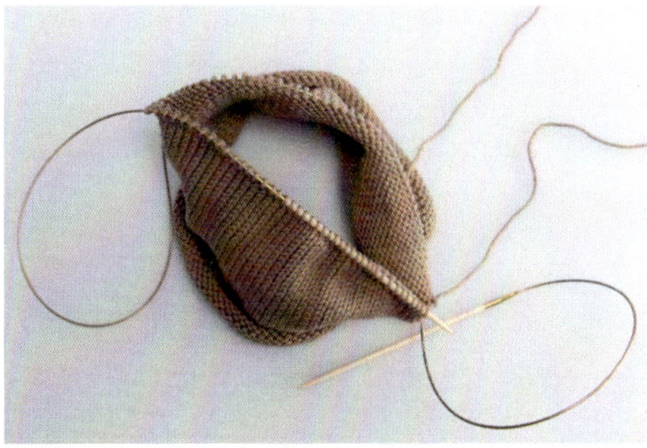

VERKÜRZTE REIHEN

Zur Formgebung kann in verkürzten Reihen gearbeitet werden. Dabei wird eine Reihe nicht über alle Maschen bis zum Reihenende gearbeitet, sondern die Arbeit bereits nach einem Teil der Maschen an einer besonderen Masche gewendet und in die entgegengesetzte Richtung weitergestrickt.

DIE WENDEMASCHE ALS DOPPELMASCHE VORBEREITEN

Doppelmaschen lassen sich sehr schnell arbeiten und eignen sich für stark strapazierte Strickstücke.

Rechts gestrickte Reihen verkürzen

1 Die Wendemasche rechts stricken und die Arbeit wenden. Den Faden vor die Arbeit legen.

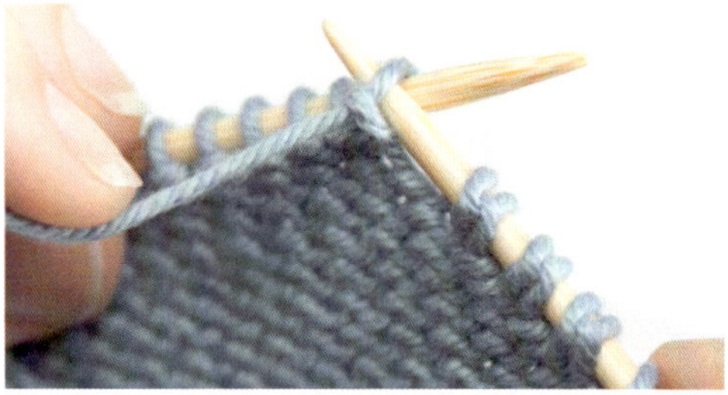

2 Die Wendemasche wie zum Linksstricken abheben. Den Faden über die rechte Nadel hinweg so fest nach hinten ziehen, dass sich die beiden Maschenschenkel über die rechte Nadel legen. Wird der Faden dabei nicht fest genug angezogen, entstehen später Löcher an den Übergängen.

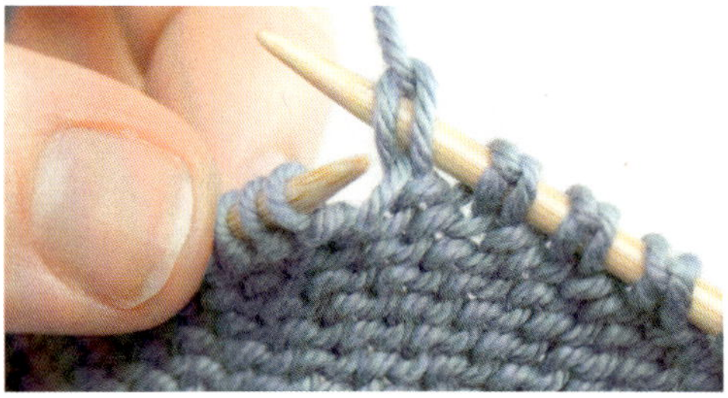

3 Den Faden zwischen den beiden Nadeln wieder nach vorne holen und die so verkürzte Reihe in entgegengesetzter Richtung weiterarbeiten.

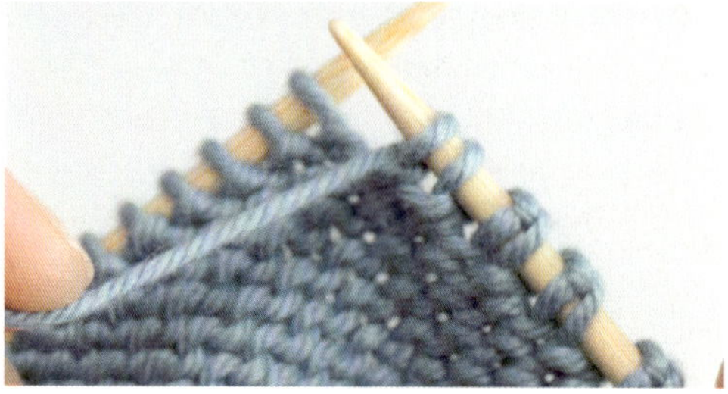

Links gestrickte Reihen verkürzen

1 Die Wendemasche links stricken und die Arbeit wenden. Den Faden vor die Arbeit nehmen.

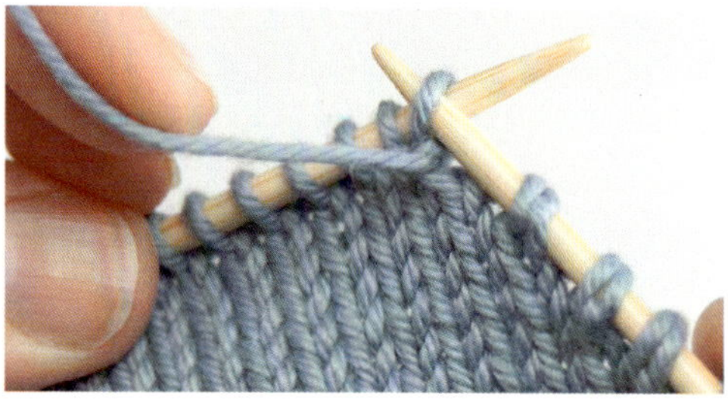

2 Die Wendemasche wie zum Linksstricken abheben. Den Faden über die rechte Nadel hinweg so fest nach hinten ziehen, bis sich die beiden Maschenschenkel der Masche aus der Vorreihe über die rechte Nadel legen. Den Faden fest anziehen, um spätere Löcher an den Übergangsstellen zu vermeiden.

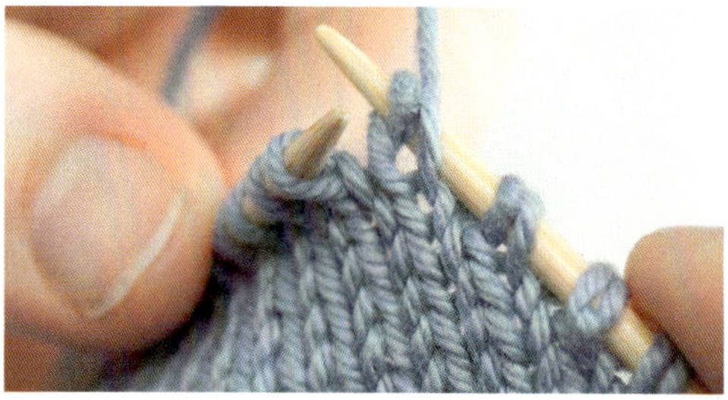

EINE DOPPELMASCHE ABSTRICKEN

Um eine Doppelmasche in einer rechts gestrickten Reihe abzustricken, mit der rechten Nadel von links nach rechts unter den beiden vorderen Maschenschenkeln der Doppelmasche einstechen und rechts stricken.

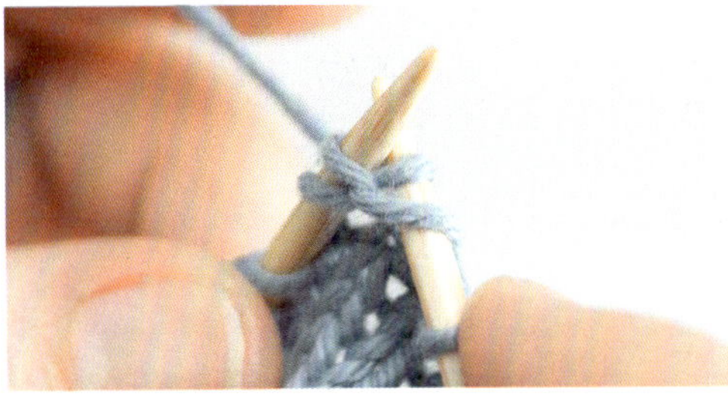

Soll eine Doppelmasche in einer links gestrickten Reihe abgestrickt werden, mit der rechten Nadel von rechts nach links unter den beiden vorderen Maschenschenkeln der Doppelmasche einstechen.

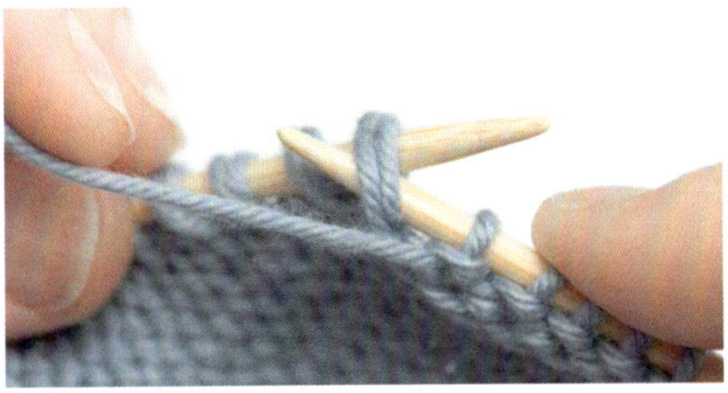

DREI-NADEL-TECHNIK: KANTEN ZUSAMMENSTRICKEN UND DABEI ABKETTEN

Beide Nadeln mit den offenen Maschen der beiden zu verbindender Strickteile parallel in der linken Hand halten, sodass die Strickteile rechts auf rechts liegen. Beide Teile müssen die gleiche Anzahl an Maschen haben. Der Arbeitsfaden des vorderen Strickteils befindet sich am Reihenanfang, und beide Nadelspitzen weisen nach rechts.

1 Mit der rechten Nadelspitze nacheinander jeweils in die 1. Masche beider Nadeln wie zum Rechtsstricken einstechen, den Faden hinter der hinteren Nadel fassen und beide Maschen gemeinsam rechts abstricken.

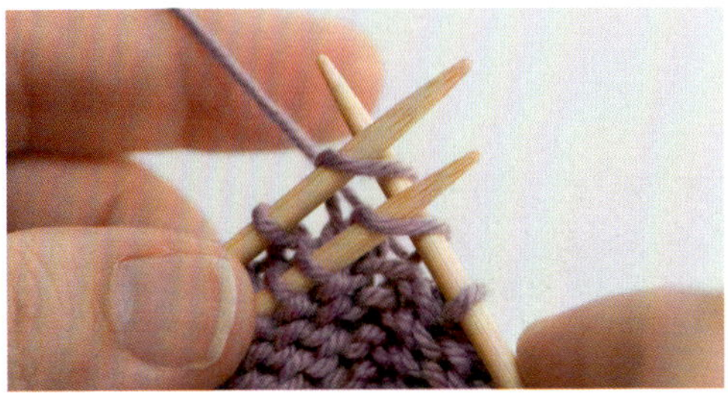

2 Jeweils die 1. Masche beider Nadeln rechts zusammenstricken und mit der linken Nadelspitze die rechte Masche der rechten Nadel über die linke Masche und die rechte Nadelspitze hinweg heben.

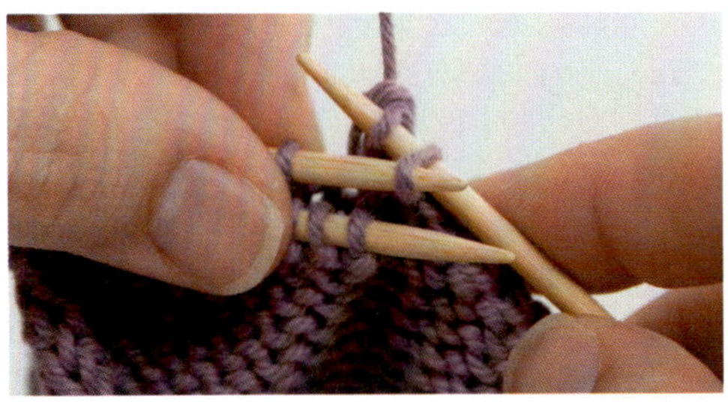

Diesen Schritt so oft wiederholen, bis die Naht geschlossen ist.

ZUNAHMEN AUS DEM QUERFADEN

1 RECHTE MASCHE RECHTSGENEIGT ZUNEHMEN

1 Mit der linken Nadel von hinten nach vorn unter dem Querfaden durchstechen und den Querfaden in inverser Orientierung auf die Nadel heben.

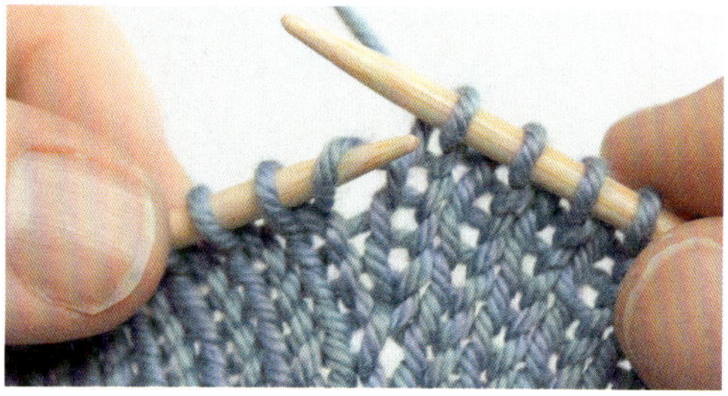

2 Mit der rechten Nadel von links nach rechts unter dem vorderen Maschenschenkel einstechen, den Faden fassen, durchziehen und die Schlinge von der linken Nadel heben.

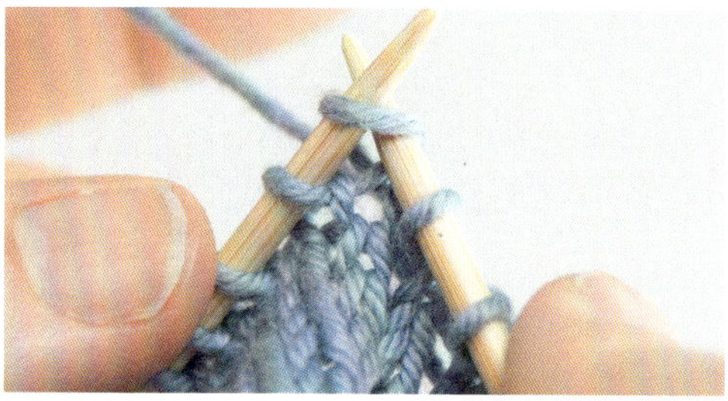

1 LINKE MASCHE RECHTSGENEIGT ZUNEHMEN

1 Mit der linken Nadel von hinten nach vorn unter dem Querfaden durchstechen und ihn in inverser Orientierung auf die Nadel heben.

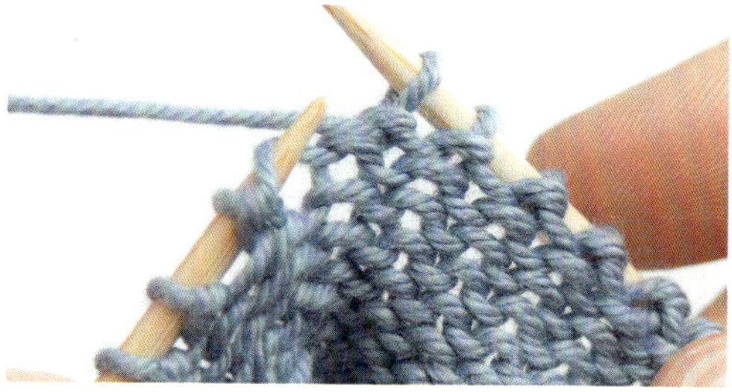

2 Den Faden nach vorne holen, mit der rechten Nadel von rechts nach links unter dem vorderen Maschenschenkel einstechen und links abstricken.

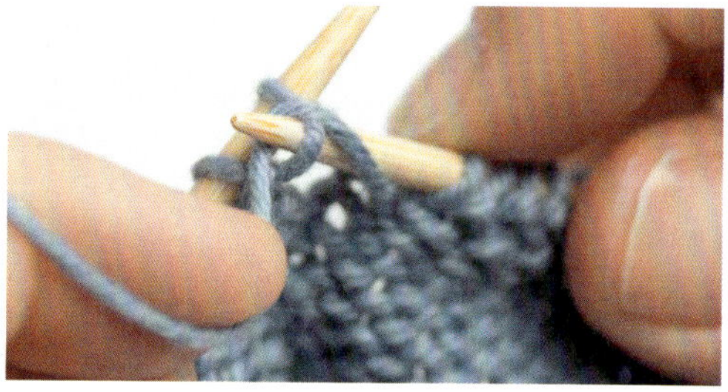

1 RECHTE MASCHE LINKSGENEIGT ZUNEHMEN

1 Mit der linken Nadel den Querfaden von vorn nach hinten aufnehmen.

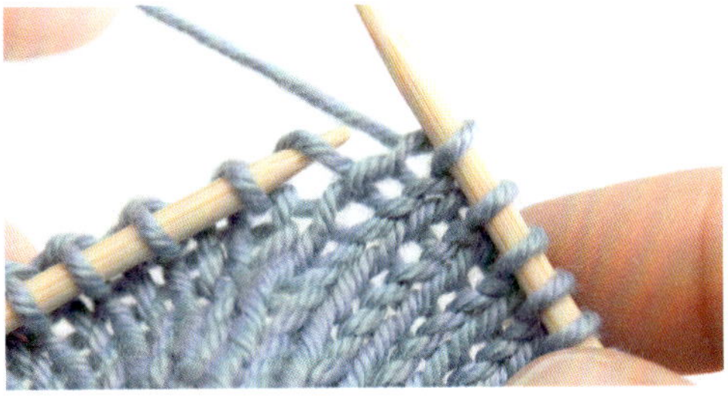

2 Zum verschränkten Abstricken mit der rechten Nadel von rechts nach links unter dem hinteren Maschenschenkel einstechen, den Faden fassen, durchziehen und die Schlinge von der linken Nadel heben.

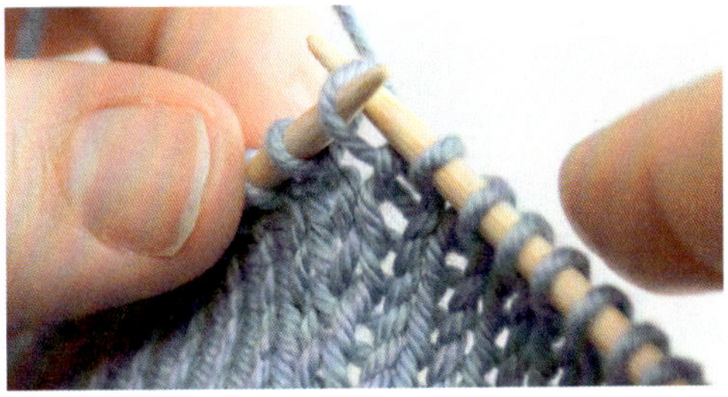

1 LINKE MASCHE LINKSGENEIGT ZUNEHMEN

1 Den Querfaden mit der linken Nadel von vorn nach hinten aufnehmen.

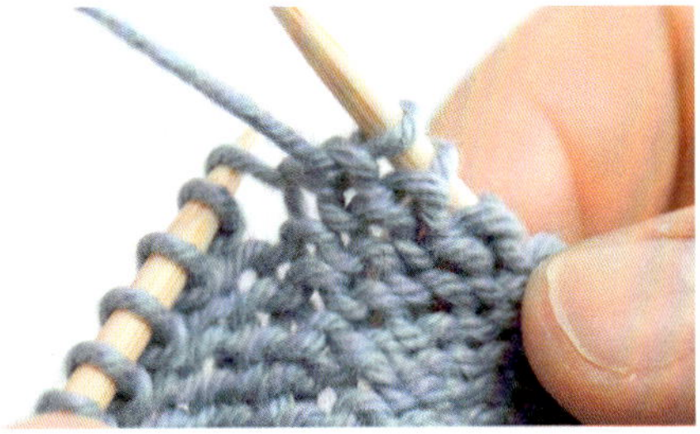

2 Den Arbeitsfaden vor die Arbeit holen. Mit der rechten Nadel von links nach rechts unter dem hinteren Maschenschenkel einstechen, den Faden fassen, durchziehen und die Schlinge von der linken Nadel heben.

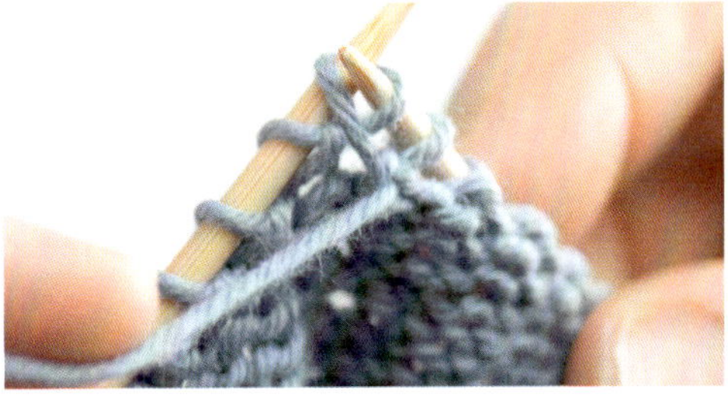

ABNAHMEN

2 MASCHEN RECHTS ZUSAMMENSTRICKEN

1 Mit der Arbeitsnadel gleichzeitig in beide Maschen von links nach rechts wie zum Rechtsstricken einstechen.

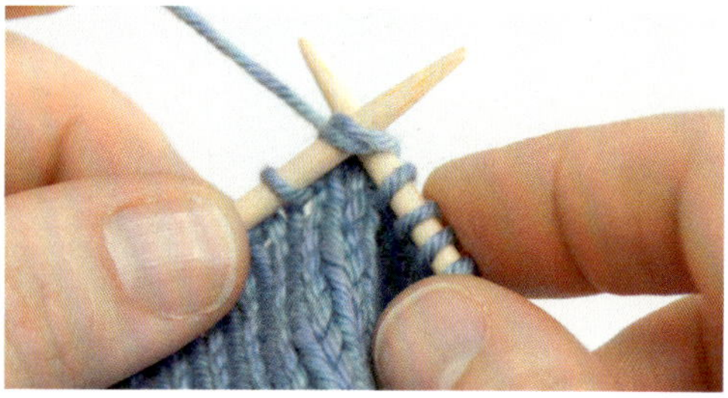

2 Den Faden wie zum Rechtsstricken fassen und gleichzeitig durch beide Maschen ziehen.

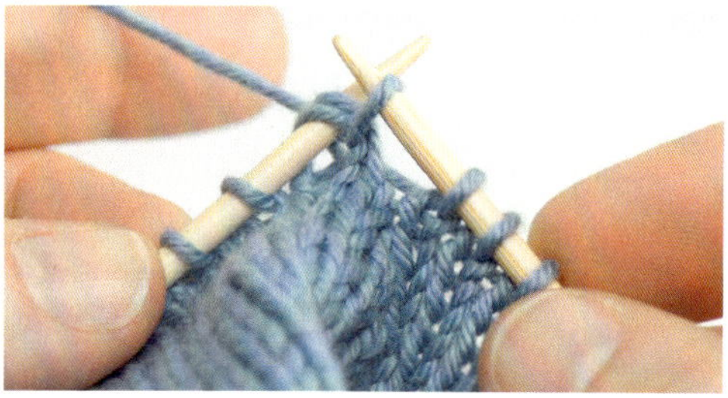

2 MASCHEN LINKS ZUSAMMENSTRICKEN

1 Mit der Arbeitsnadel gleichzeitig in beide Maschen von rechts nach links wie zum Linksstricken einstechen.

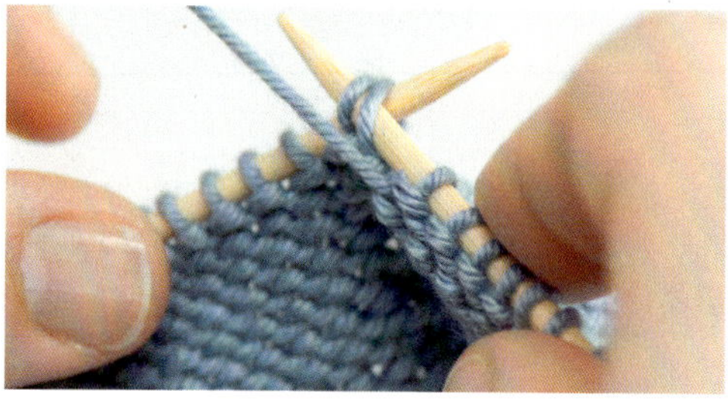

2 Den Faden wie zum Linksstricken fassen und gleichzeitig durch beide Maschen durchziehen.

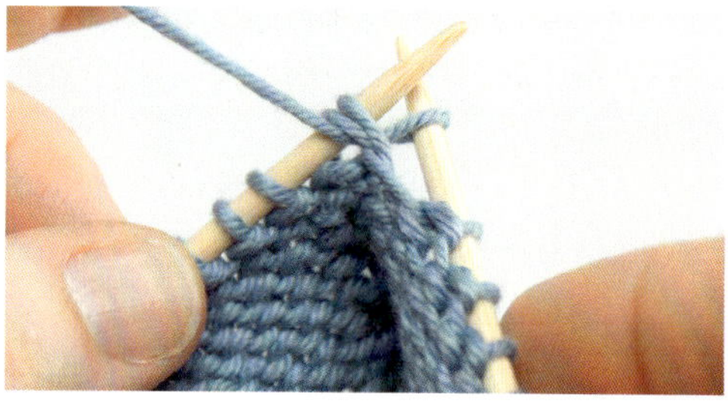

2 MASCHEN ÜBERZOGEN ZUSAMMENSTRICKEN

1 Die 1. Masche wie zum Rechtsstricken abheben und die 2. Masche rechts stricken.

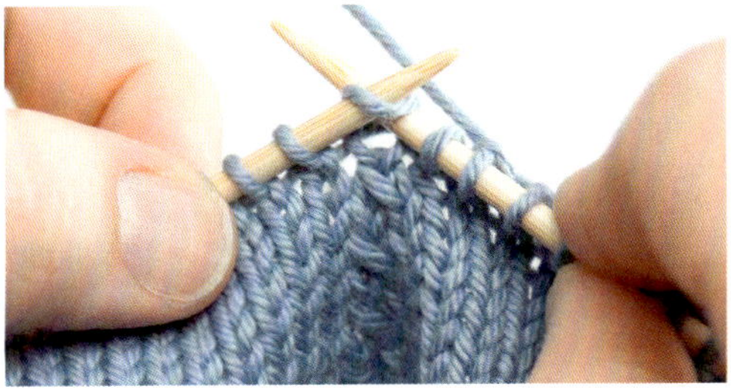

2 Mit der linken Nadel von links nach rechts unter dem vorderen Maschenschenkel der abgehobenen Masche einstechen, die Masche lockern, über die letzte Masche ziehen, über die Nadelspitze heben und von der linken Nadel gleiten lassen.

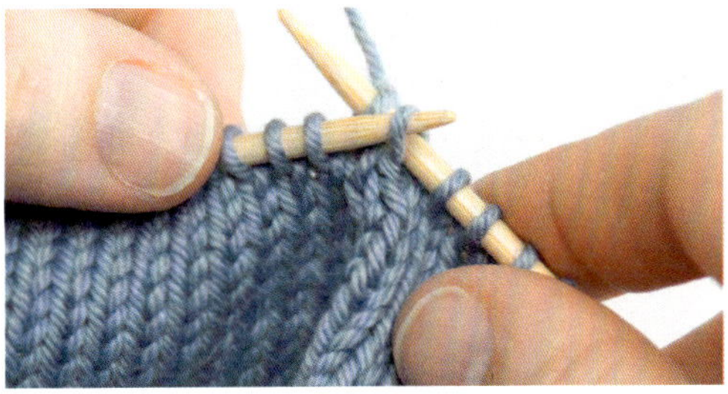

3 MASCHEN MIT AUFLIEGENDER MITTELMASCHE ZUSAMMENSTRICKEN

1 2 Maschen gleichzeitig wie zum Rechtsstricken abheben.

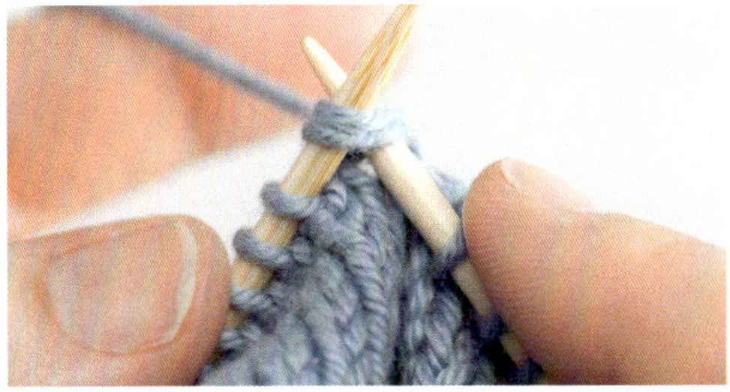

2 Mit der linken Nadel von links nach rechts unter dem vorderen Maschenschenkel der linken der beiden abgehobenen Maschen einstechen und von der rechten Nadel heben.

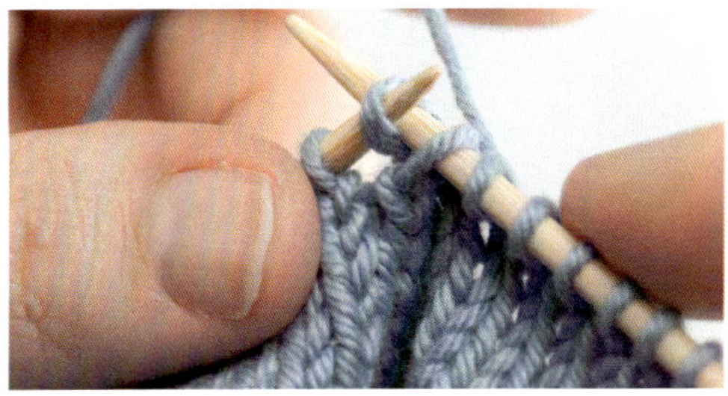

3 2 Maschen rechts zusammenstricken. Dann mit der linken Nadel von links nach rechts unter dem vorderen Maschenschenkel der vorletzten Masche einstechen, über die letzte Masche und die Nadelspitze ziehen und von der linken Nadel gleiten lassen.

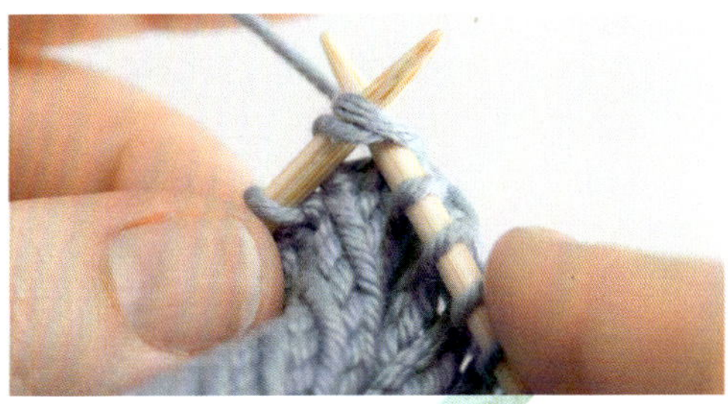

NOPPE

Aus der Masche, an deren Platz die Noppe erscheinen soll, mehrere Maschen herausstricken: dazu immer abwechselnd 1 rechte und 1 linke Masche herausstricken, die Masche aber nicht von der Nadel heben.

1 Den Faden hinter der Arbeit halten. Mit der rechten Nadel von vorn nach hinten unter dem vorderen Maschenschenkel einstechen und die Masche rechts stricken.

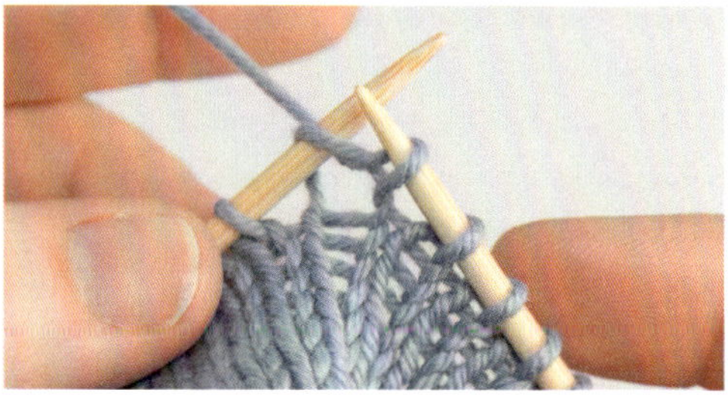

2 Den Faden nach vorne holen, von hinten nach vorn unter dem vorderen Maschenschenkel einstechen und die Masche links stricken.

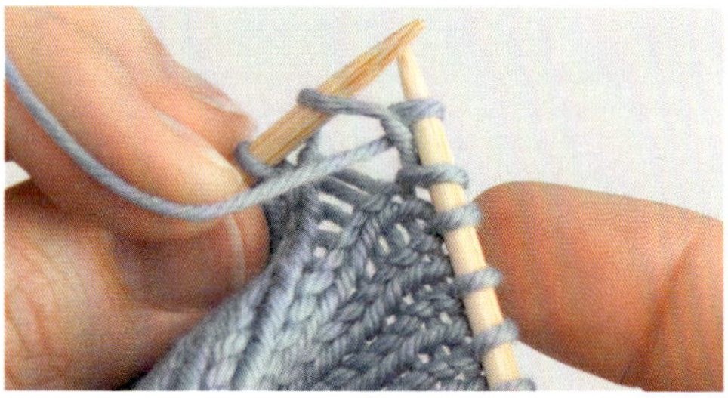

Die Arbeitsschritte 1 und 2 fortlaufend wiederholen, bis die gewünschte Noppenbreite erreicht ist. Die ursprüngliche Masche wird dabei sehr stark geweitet.

TIEFER GESTOCHENE MASCHE

Für eine tiefer gestochene Masche mit der Arbeitsnadel nicht in die Masche einstechen, die auf der linken Nadel liegt, sondern um die angegebene Reihenzahl nach unten versetzt.

Beispiel: Für eine um 6 Reihen tiefergestochene Masche 6 Maschen unterhalb der Schlinge einstechen und die Masche abstricken.

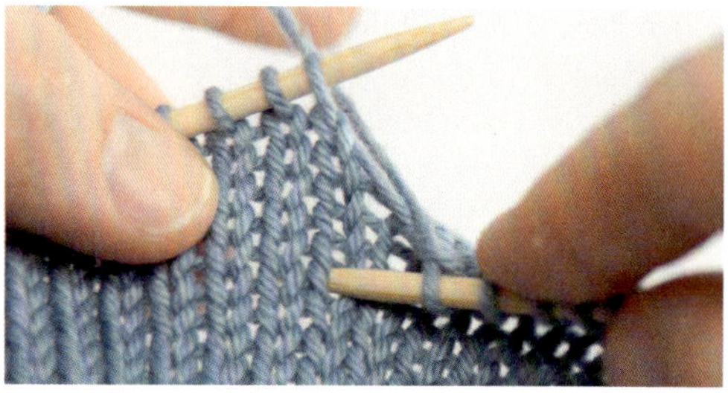

MASSTABELLE

Allen Modellen in diesem Buch liegen die Angaben in dieser Körpermaß-Tabelle zugrunde, sie sollen bei der Größenwahl helfen. Sie gilt für eine Körpergröße von 168 cm

	XS	S	M	L	XL	2XL
Brustumfang in cm	80-85	85-90	90-95	95-100	100-110	110-120

Die Angaben zu den Maßen des Strickstücks (Brustumfang und Länge) sind beim jeweiligen Modell angegeben, weitere Maße finden sich in der Schemazeichnung.

ABKÜRZUNGEN

abk = abketten
anschl = anschlagen
arb = arbeiten
Dm = Doppelmasche(n)
Fb = Farbe(n)
Häkelnd = Häkelnadel
Hinr = Hinreihe(n)
LL = Lauflänge
Lm = Luftmasche(n)
M = Masche(n)
MM = Maschenmarkierer
Nd = Nadel(n)
Ndspiel = Nadelspiel
R = Reihe(n)
Rückr = Rückreihe(n)
Rundstricknd = Rundstricknadel(n)
Spielnd = Spielnadel(n)
str = stricken
U = Umschlag
wdh = wiederholen

BUCHEMPFEHLUNGEN FÜR DICH

Noch mehr kreative Bücher zum gleichen Thema gesucht?

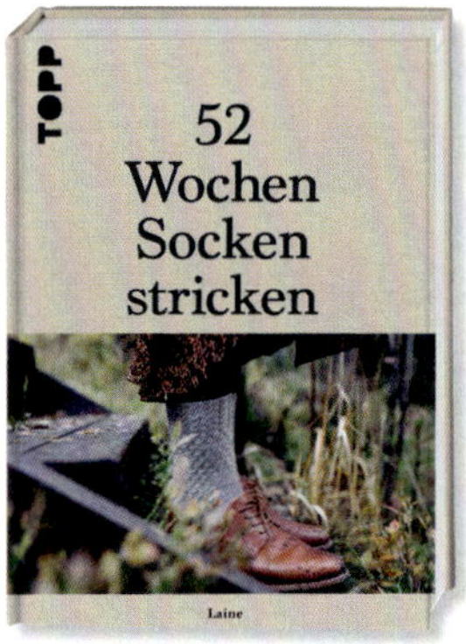

ISBN 978-3-7724-4871-5

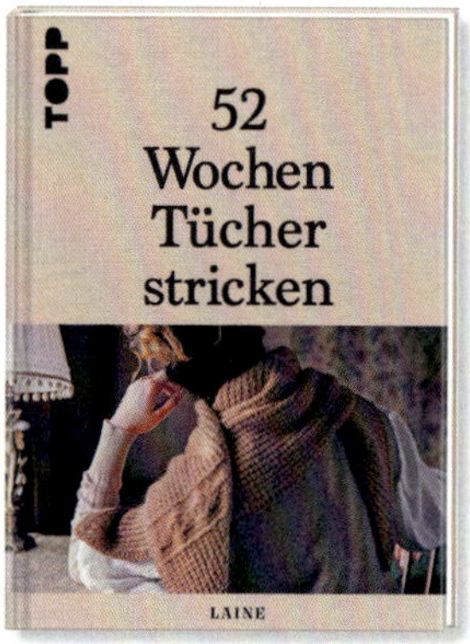

ISBN 978-3-7358-7009-4

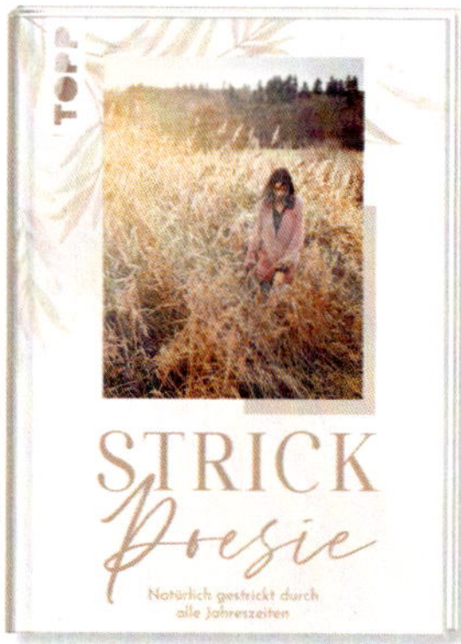

ISBN 978-3-7358-7006-3

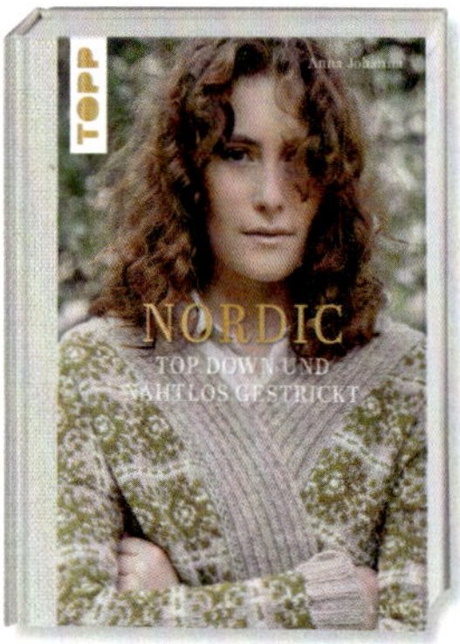

ISBN 978-3-7358-7029-2

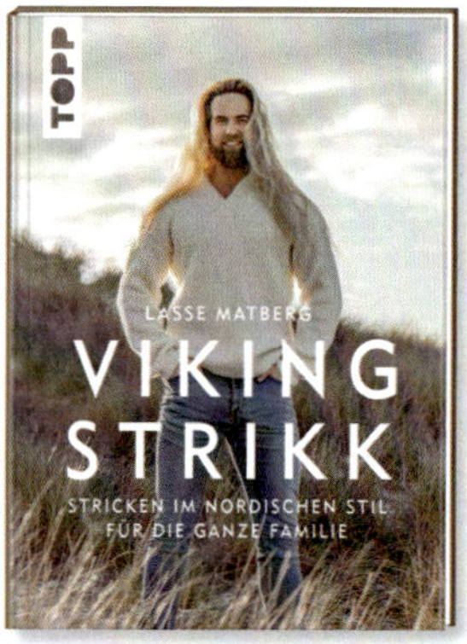

ISBN 978-3-7358-7000-1

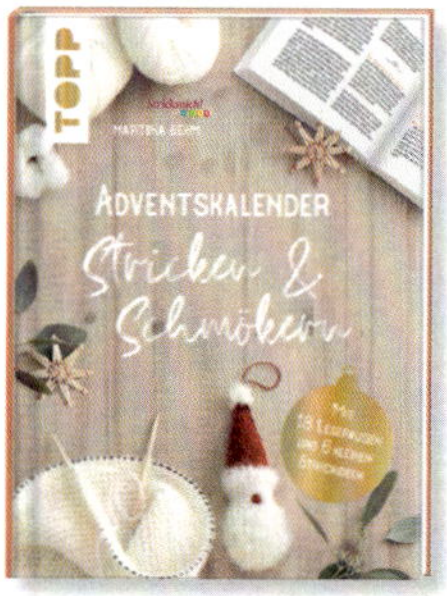

ISBN 978-3-7724-6893-3

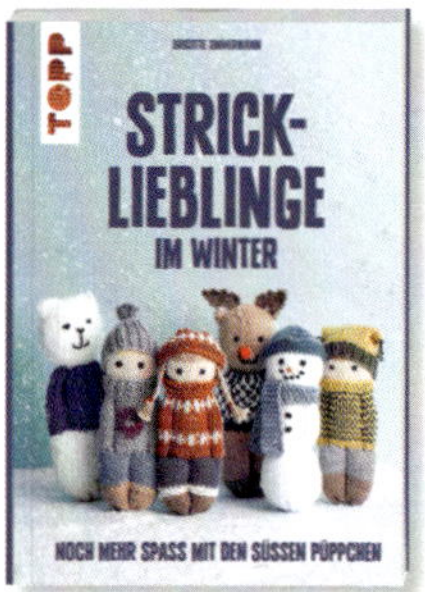

ISBN 978-3-7358-7025-4

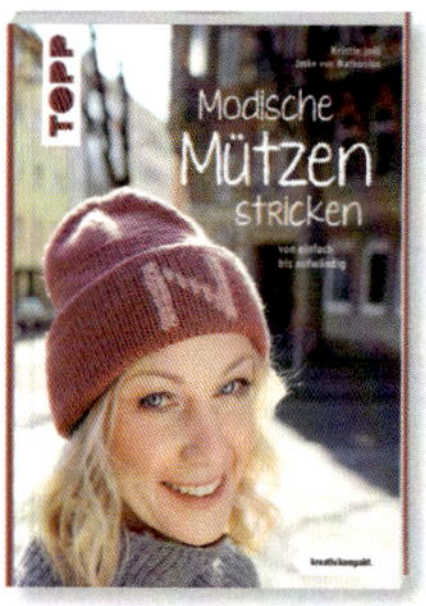

ISBN 978-3-7358-7026-1

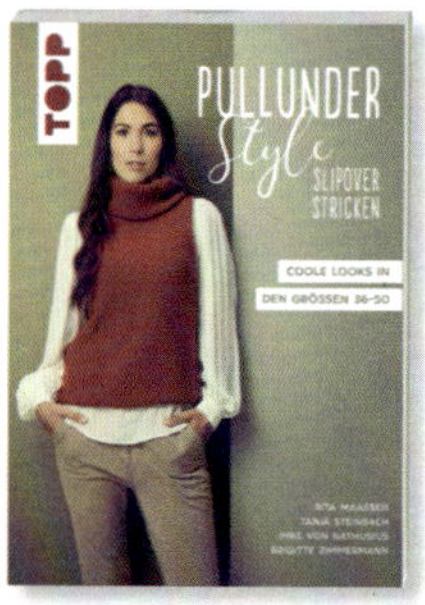

ISBN 978-3-7724-6859-9

Noch mehr Kreativ-Bücher findest Du auf www.TOPP-kreativ.de

TAUCHE TIEFER IN DIE WELT DER FARBEN DER ERDE EIN!

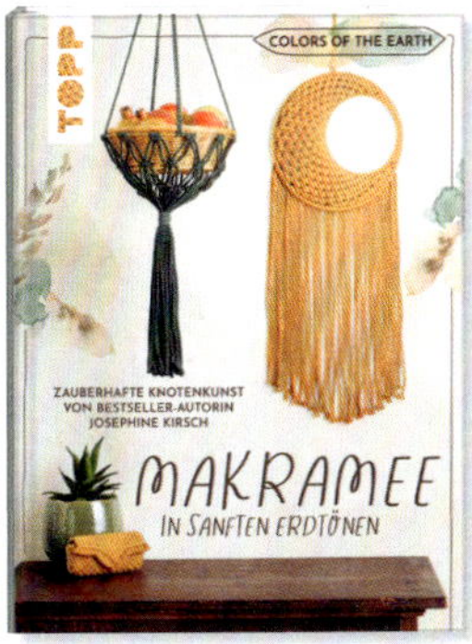

ISBN 978-3-7358-5053-9

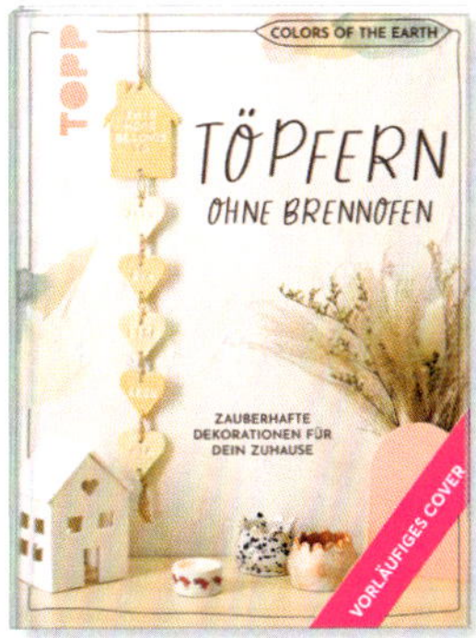

ISBN 978-3-7358-5044-7

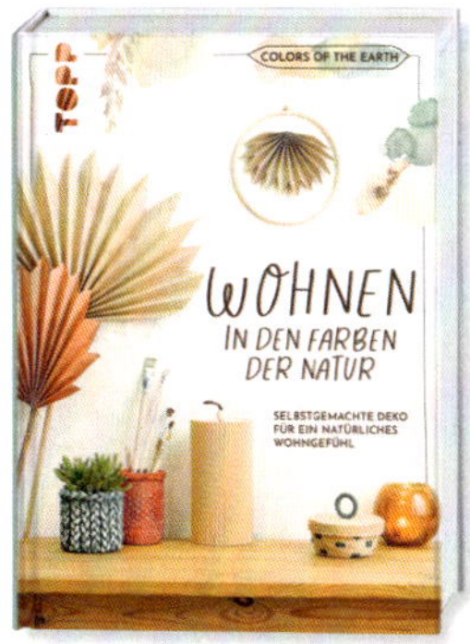

ISBN 978-3-7358-5048-5

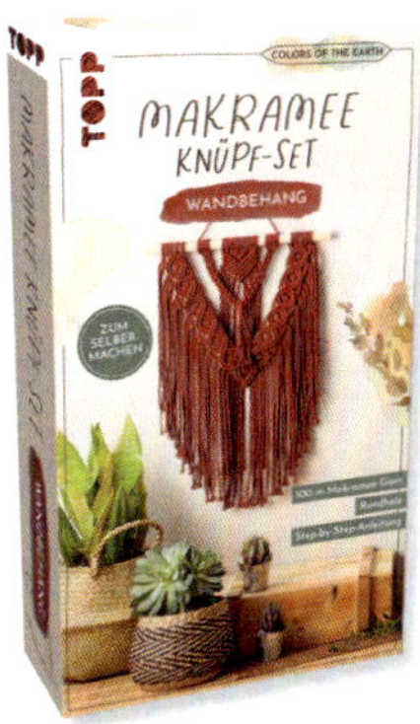

ISBN 978-3-7724-18293-9

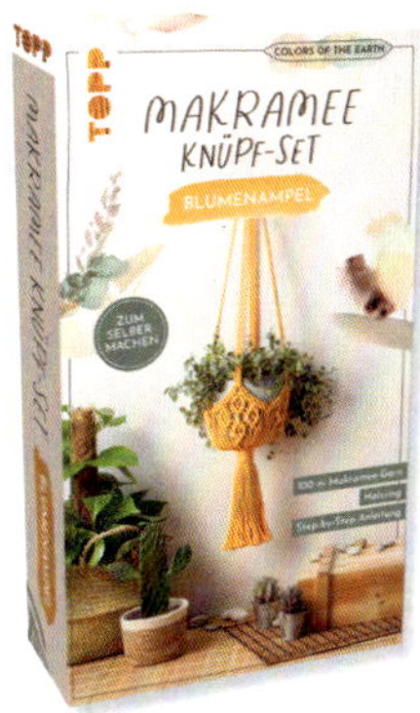

ISBN 978-3-7724-18291-1

#TOPPprojekt

Die eigene Kreativität zeigen: TOPPprojekt mit anderen Kreativen teilen und Teil der Gemeinschaft werden.

DIY-begeistert und auf Instagram? Dann unbedingt mitmachen! Hier gibt's Tipps und Feedback zu den eigenen Projekten. Außerdem verlosen wir jeden Monat ein Überraschungspaket. Um am Gewinnspiel teilzunehmen, einfach ein Bild vom Kreativ-Projekt aus unseren Büchern mit #TOPPprojekt posten und unserem Account @frechverlag folgen. Mehr Infos auf TOPP-kreativ.de/TOPPprojekt

Mach mit beim

#TOPPprojekt

#TOPPprojekt
@frechverlag

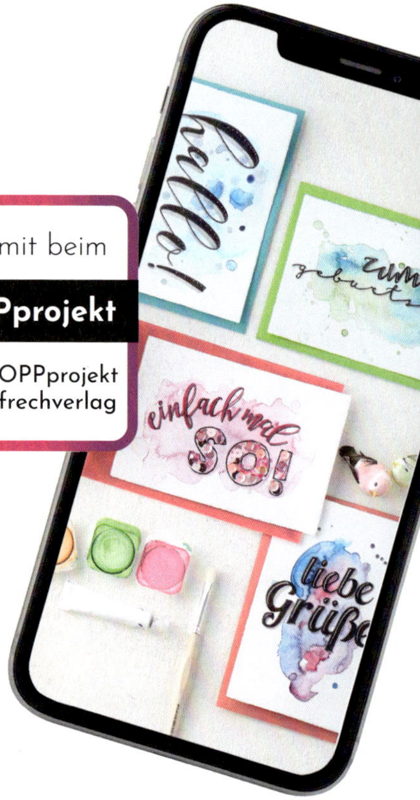

Webseite

Auf TOPP-kreativ.de gibt es ein riesiges Angebot von über 1.000 Kreativbüchern, Sets und mehr zu entdecken.

Newsletter

Immer als Erstes von unseren Neuheiten und Sonderaktionen erfahren: TOPP-kreativ.de/newsletter

Instagram

@frechverlag

Pinterest

pinterest.com/frechverlag

Facebook

facebook.com/frechverlag

DigiBib

Hier gibt es zusätzlich zu einigen unserer Bücher digitale Extras, wie Video-Tutorials, Plotter-Dateien, Vorlagen, Übungsblätter und vieles mehr. Einfach im Impressum eines TOPP-Buchs nachschauen, ob dort ein Code vorhanden ist, und exklusive Inhalte freischalten. TOPP-kreativ.de/digibib

Youtube

youtube.com/frechverlag

WER WIR SIND, WIE WIR ARBEITEN, WAS WIR LIEBEN …

Mehr über uns und unsere Arbeit und immer mit den neuesten Informationen versorgt schnell und einfach auf Instagram, Facebook und Pinterest.

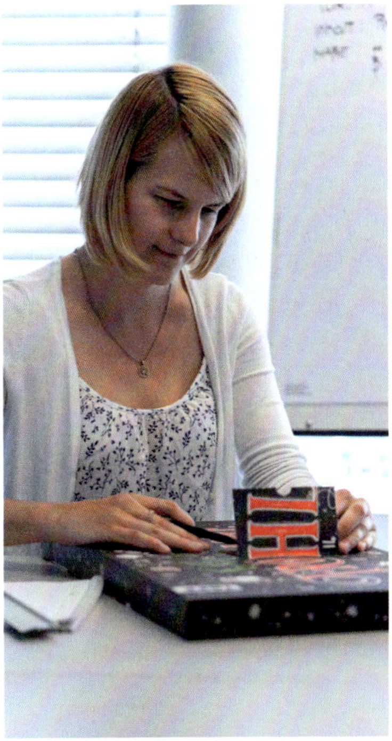
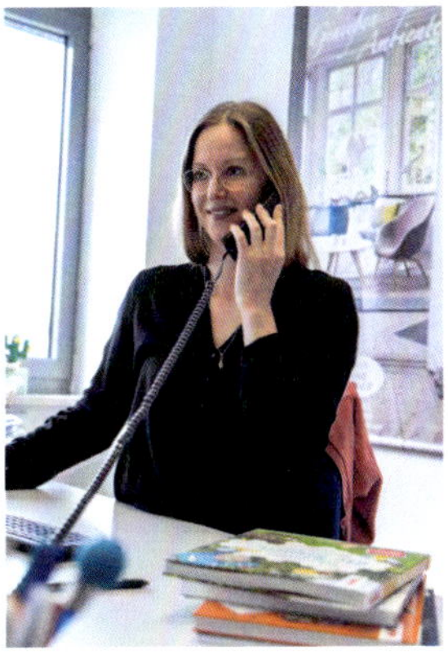
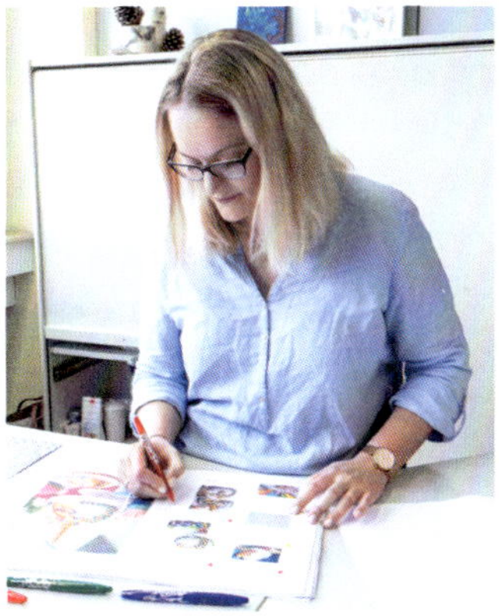
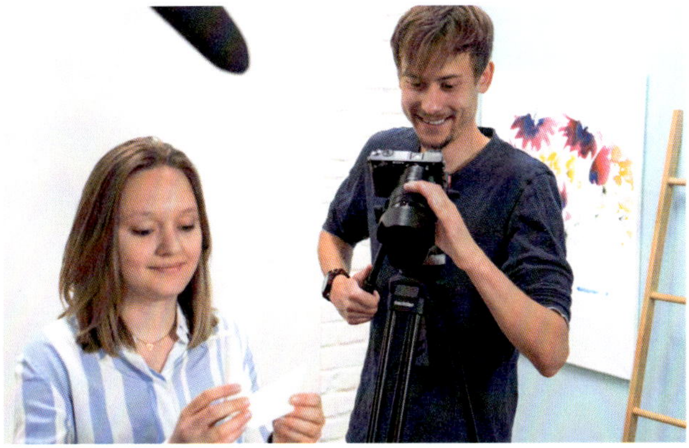
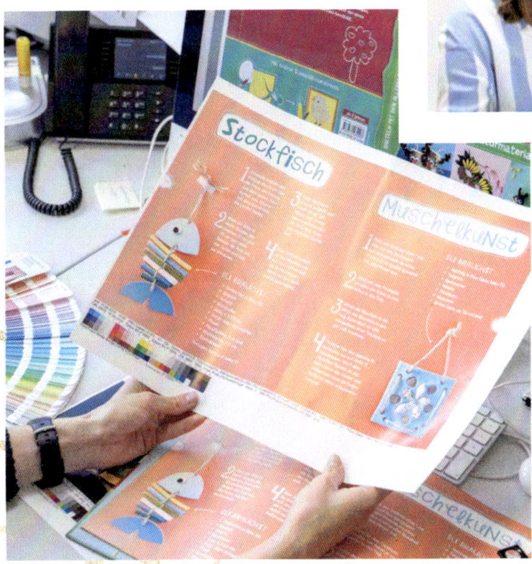

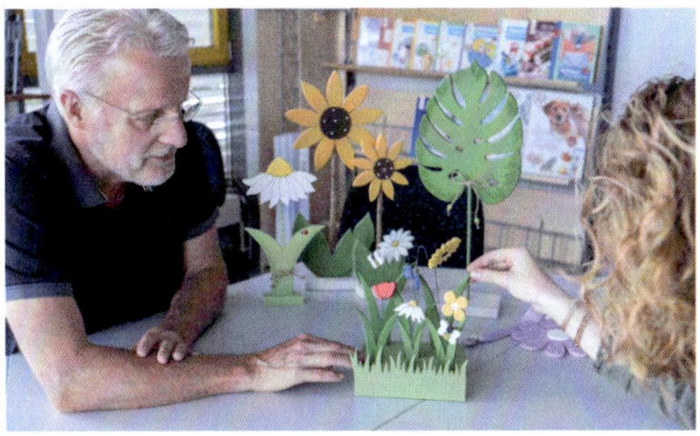

Alle News, alle Infos und alle Links findest du auf www.TOPP-kreativ.de

KREATIV-HOTLINE

Hilfestellung zu allen Fragen, die Materialien und Bücher zu kreativen Hobbys betreffen: Frau Erika Noll berät Sie. Rufen Sie an oder schreiben Sie eine E-Mail!
Telefon: 0711/12375720 * *normale Telefongebühren
E-Mail: mail@kreativ-service.info

DANKE!

Wir danken folgenden Firmen für die Zusammenarbeit und Unterstützung bei diesem Projekt:
Kremke Handelsgesellschaft mbH (www.selected-yarns.com)
Lang & CO AG (www.langyarns.com)
MEZ GmbH (www.schachenmayr.de)
Rico Design GmbH & Co. KG (www.rico-design.de)

IMPRESSUM

MODELLE: Stephanie Haberkern (S. 30–35, 50–55, 58–65, 80–83), Imke von Nathusius (S. 22–29, 36–43, 66–71, 88–91), Anika Süß (S. 84/85, 92/93, 98–105), Christine Vetter (S. 16–21, 44–49, 74–79, 94–97)

FOTOS: frechverlag GmbH, 70839 Gerlingen; lichtpunkt, Michael Ruder, Stuttgart

PRODUKTMANAGEMENT: Lisa Sutor

LEKTORAT: Regina Sidabras

COVER: Eva Hook

LAYOUT: Konstanze Laue und Petra Theilfarth

GESTALTUNG: Petra Theilfarth

DRUCK UND BINDUNG: Neografia, Slowakei

2. Auflage 2023

MIX
Papier | Fördert gute Waldnutzung
FSC® C020353

Penguin Random House Verlagsgruppe
FSC® N001967

ISBN 978-3-7358-7014-8 • Bestell-Nr. 27014

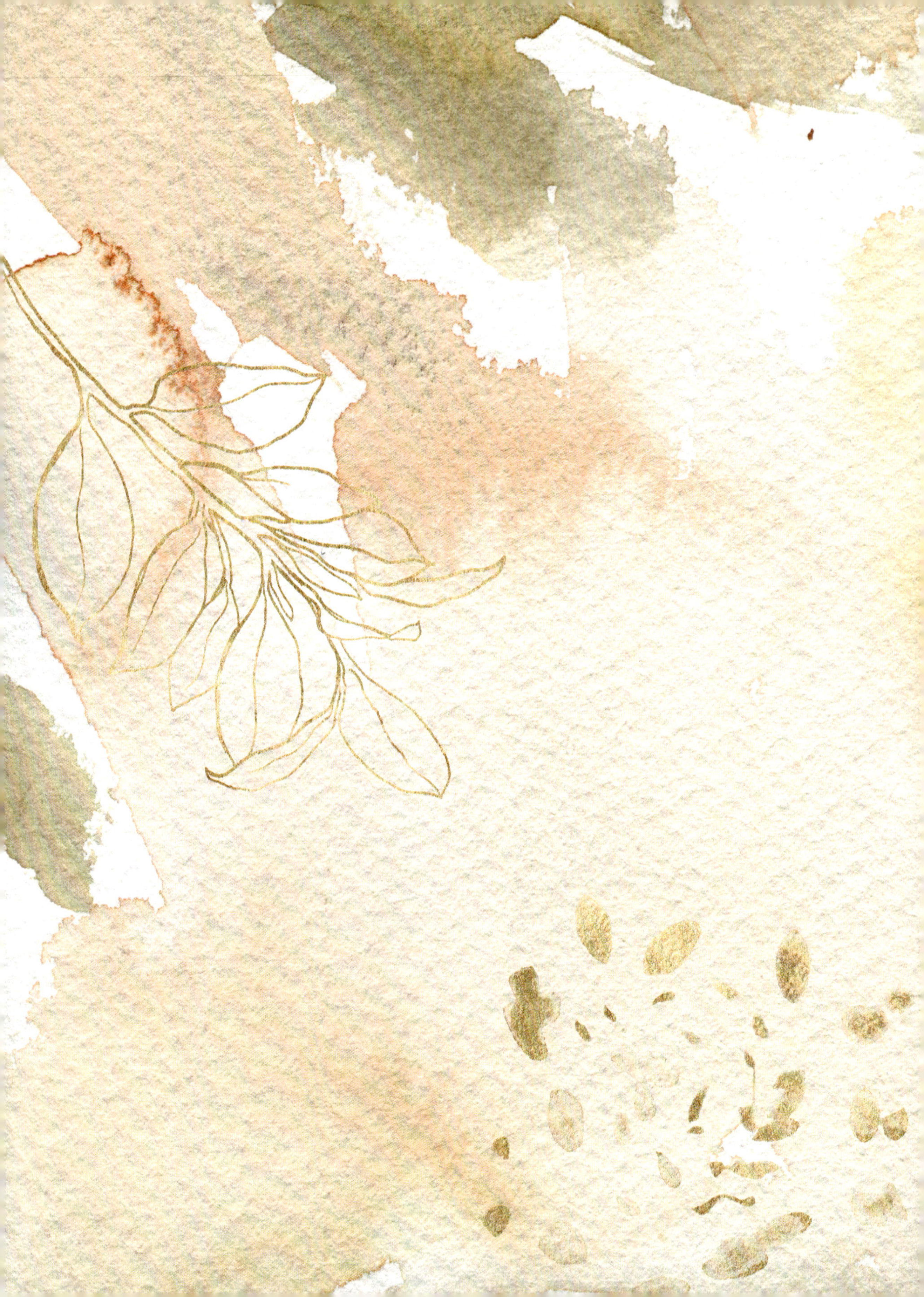